毎日がもっとキラキラする！

はじめての推し活

著・劇団雌猫
部分監修・松下真由美（弁護士）

JN188214

高橋書店

はじめに

アニメやマンガのキャラクター、アイドル、歌《うた》い手《て》……世界《せかい》には、魅力的《みりょくてき》な「推《お》し」がたくさんいますよね。この本《ほん》は、はじめて推《お》しができたみなさんに推《お》し活《かつ》の楽《たの》しさを伝《つた》えたい、もう何度《なんど》も推《お》し活《かつ》をしてきたみなさんには、もっと推《お》し活《かつ》を楽《たの》しんでほしい、と思《おも》って作《つく》りました。

ライブに行《い》ったりCDをたくさん買《か》ったりすることだけが、推《お》し活《かつ》ではありません。グッズをかわいくかざったり、推《お》しのファッションをマネしたりしてみるのも、推《お》し活《かつ》。おこづかいの金額《きんがく》や家《いえ》のルールは人《ひと》によってさまざまだからこそ、自分《じぶん》なりの推《お》し活《かつ》スタイルを見《み》つけてもらえたらうれしいです！

またこの本《ほん》では、推《お》し活《かつ》で起《お》こるかもしれないトラブルについてもまとめています。トラブルに巻《ま》き込《こ》まれて、推《お》し活《かつ》が楽《たの》しめなくなったらもったいない。7章《しょう》はぜひ、家《いえ》の人《ひと》といっしょに読《よ》んでみてくださいね。

私《わたし》自《じ》身《しん》も、小学生《しょうがくせい》の頃《ころ》から推《お》しがいる人生《じんせい》でした。推《お》しから勉強《べんきょう》や習《なら》い事《ごと》のやる気《き》をもらっていたし、大人《おとな》になった今《いま》でも、仕事《しごと》をがんばるいちばんのモチベーションは推《お》しです

ぜひみなさんも、いっしょに楽《たの》しい推《お》し活《かつ》ライフを送《おく》りましょう！

劇団《げきだん》雌猫《めすねこ》　ユッケ

もくじ

STAGE 5 お金《かね》と時間《じかん》どう使《つか》う？

STAGE 6 推《お》しへの愛《あい》を形《かたち》にしよう

STAGE 7 推《お》し活《かつ》トラブルに気《き》をつけよう（監修《かんしゅう》 弁護士《べんごし》・松下真由美《まつしたまゆみ》）

登《とう》場《じょう》人《じん》物《ぶつ》

アンナ

チヒロの幼《おさな》なじみ。性格《せいかく》は明《あか》るくてだれとでも仲《なか》よくなれる。ダンススクールにかよっている。

お推し　2.5次元《じげん》アイドル「パステルドリーム」のれいん

チヒロ

小学《しょうがく》6年生《ねんせい》の女《おんな》の子《こ》。引《ひ》っ込《こ》み思《じ》案《あん》な性格《せいかく》で、新学期《しんがっき》になってなかなか友《とも》だちをつくれないでいる。家《いえ》では妹思《いもうとおも》いのやさしいお姉《ねえ》ちゃん。あるとき、テレビで「N BOYS」のハルトを見《み》つける。

マイカ

チヒロのクラスメイト。将来《しょうらい》の夢《ゆめ》はアイドルになることで、アイドルの研究《けんきゅう》に夢中《むちゅう》。流《なが》れてきたミミの動画《どうが》でファンになってしまう。

推《お》し　多国籍《たこくせき》アイドルグループ「PINKy」のミミ

ユウカ

チヒロのクラスメイトでとなりの席《せき》の女《おんな》の子《こ》。お母《かあ》さんがアイドル好《ず》きなので、アイドルや推《お》し活《かつ》についてくわしい。

推《お》し　マンガ「デビルスレイヤー」の京極《きょうごく》さん

チヒロの妹《いもうと》。陽気《ようき》な性格《せいかく》でうさぎのキャラクターのメロが大好《だいす》き。ぬいぐるみやペンケース、水筒《すいとう》などメロのグッズを集《あつ》めている。

デビューしたてのアイドルグループ「N BOYS」のリーダーを務《つと》める。メンバーカラーは赤《あか》。元気《げんき》で明《あか》るく、だれにでも愛《あい》されるキャラクター。歌《うた》やダンスも得意《とくい》。

人気《にんき》の多国籍《たこくせき》アイドルグループ「PINKy」に所属《しょぞく》する日本人《にほんじん》アイドル。オーディションでは参加者《さんかしゃ》のなかで最年少《さいねんしょう》で合格《ごうかく》。努力家《どりょくか》で、歌《うた》やダンスが急成長《きゅうせいちょう》している。

STAFF

- マンガ・キャラクター作画：水玉子
- イラスト：アヤカワ
- デザイン：大類菜央、今泉明香（ダイアートプランニング）
- 執筆協力：森田鈴夏、菅原嘉子、明道聡子（リブラ舎）
- 編集協力：渡辺有祐、加藤みのり、谷野真理子、佐藤隆燿（フィグインク）
- 校　　正：鷗来堂

Special Thanks

あおい、こうた、リノ、Moyo、おさ旦那、sugichigu、真沙美、上坂あゆ美、ぽよ、みみみみ、くろちゃん、めいとひかのママ、団地生まれ団地育ち、こーちゃんママ、耳

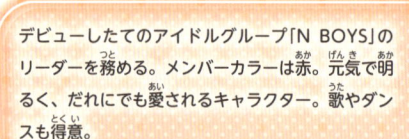

STAGE 1

推《お》しってなに？

バイバーイ!!
推《お》しがいるとなんでもがんばれるよ！

「推《お》し」って言葉《ことば》は知《し》っているかな？　もし、好《す》きな人《ひと》や気《き》になるものがあったら、それは「推《お》し」っていうものかもしれないよ。

はあ…
今日《きょう》もクラスの子《こ》とあんまり話《はな》せなかったな……
チヒロ
チヒロ！クラスで仲《なか》いい子《こ》できそう？
アンナ
アンナちゃんみたいにすぐ仲《なか》よくなれないよ～
チヒロと仲《なか》よくなりたい子《こ》いそうだけど
だってもう仲《なか》よしグループできちゃってるし自分《じぶん》から話《はな》しかけにくくて……
なにか共通《きょうつう》の話題《わだい》で話《はな》せる子《こ》ができるといいね

※アニメやゲームなどの作品《さくひん》に登場《とうじょう》するキャラクターを人《ひと》が演《えん》じているアイドル

アンナちゃんダンスがんばってたけどギターまで練習《れんしゅう》してるの？
バイバーイ!!
推《お》しがいるとなんでもがんばれるよ！
おし？
アンナちゃんキラキラしてた……
お姉《ねえ》ちゃんおかえり～
メイ
メイも大好《だいす》きなメロちゃんといるとごきげんだね
どうも～
好《す》きなものか～

元気《げんき》いっぱい！NBOYSのリーダーハルトでーす！
よろしくお願《ねが》いしまーす
わぁ……すっごく笑顔《えがお》がキラキラしてる……!!
ハルトくん、なんか気《き》になる……！
歌《うた》ってるときはこんなにかっこいいんだ……別人《べつじん》みたい

BASIC 01

推《お》しってなに？ 推《お》し活《かつ》ってなに？

家族《かぞく》じゃないし、友《とも》だちでもないだれかを「好《す》き」っていう気持《きも》ち。その気持《きも》ち、「推《お》し」って言葉《ことば》であらわせるかもしれないよ！

ハルトくんのこと、気《き》になっているんだけど、これが「推《お》し」ってことなの？

ハルトくんを見《み》ていると元気《げんき》をもらえたり、応援《おうえん》したいって思《おも》えたりするなら、きっと「推《お》し」ってことだよ！

応援《おうえん》したい、好《す》きな気持《きも》ち＝推《お》し

人《ひと》にすすめたいと思《おも》えるほど気《き》に入《い》っている人《ひと》やもののことや、その活動《かつどう》を応援《おうえん》したい、好《す》きだという気持《きも》ちを「推《お》し」と言《い》うよ。

「イチオシのメンバー」を略《りゃく》して「推《お》しメン」。これがさらに短《みじか》い言葉《ことば》になって「推《お》し」になったよ

そして「応援《おうえん》したい気持《きも》ち」を表現《ひょうげん》する活動《かつどう》を「推《お》し活《かつ》」って言《い》うの

「推《お》し活《かつ》」で推《お》しへの気持《きも》ちを自由《じゆう》に表現《ひょうげん》できる

推《お》しのグッズを身《み》につけたり、ライブに行《い》ったり、イラストを描《か》いたり、推《お》し活《かつ》のやり方《かた》はたくさんあるよ！ どんなことでも、推《お》しを応援《おうえん》することにつながるよ。

グッズを身《み》につける

ライブに行《い》く

イラストを描《か》く

など

グッズを身《み》につけることでも応援《おうえん》になるんだ！ それなら私《わたし》もできそう！

私《わたし》はダンス動画《どうが》をたくさん見《み》て、振《ふ》りつけの練習《れんしゅう》をしているよ！

推《お》しからのメッセージ

グッズを身《み》につけてくれたり、動画《どうが》を再生《さいせい》してくれたりすることももちろんうれしいけど、ボクたちのことを思《おも》ってくれるだけでも応援《おうえん》だよ！

推《お》し活《かつ》をするとどうなるの？

推《お》しのがんばっている姿《すがた》やキラキラした姿《すがた》を見《み》ていると、自《じ》分《ぶん》もハッピーな気《き》持《も》ちになれるよ。楽《たの》しく推《お》し活《かつ》をしよう！

すごく楽《たの》しそうだけど……。
推《お》し活《かつ》をするとどうなるんだろう？

私《わたし》はれいんくんから元《げん》気《き》をもらっているよ。
推《お》しの存在《そんざい》ってすごいんだから！

前《まえ》向《む》きになれる

輝《かがや》いている推《お》しの姿《すがた》を見《み》ていると、しぜんと明《あか》るい気《き》持《も》ちになれるはず。歌《うた》やダンスの練習《れんしゅう》などをがんばっている推《お》しを見《み》ると、「自《じ》分《ぶん》もがんばろう！」と思《おも》えるんだ。推《お》しがいると、前《まえ》向《む》きな気《き》持《も》ちになったり、新《あたら》しいことに挑戦《ちょうせん》するエネルギーが生《う》まれてくるよ。

いろんな世界《せかい》を知《し》ることができる

芸能界《げいのうかい》や海外《かいがい》、ファンタジーの世界《せかい》など、非日常的《ひにちじょうてき》な場所《ばしょ》で推《お》しが活動《かつどう》していることも多《おお》いよね。今《いま》まで興味《きょうみ》がなかったものを推《お》しの影響《えいきょう》で好《す》きになったり、経験《けいけん》したことのない世界《せかい》を知《し》ったりすることができるんだ。

毎日《まいにち》の生活《せいかつ》がもっと楽《たの》しくなる

推《お》しが出演《しゅつえん》する番組《ばんぐみ》の時間《じかん》までワクワクしたり、友《とも》だちとの会話《かいわ》もはずんだり、推《お》しがいると毎日《まいにち》の生活《せいかつ》にメリハリがつくよ。朝起《あさお》きるのも、ごはんを食《た》べるのも、全部《ぜんぶ》が楽《たの》しくなるかも!?

悲《かな》しいことがあっても、
推《お》しのことを考《かんが》えていたら
元気《げんき》になった！
推《お》しにいつ会《あ》っても
いいように、身《み》だしなみを
整《ととの》えるようになったよ！
ほかにも
楽《たの》しいことが
いっぱい
I♥Book
今《いま》まであまり
話《はな》したことがなかった子《こ》と、
話《はな》すきっかけになったよ！
学校《がっこう》や塾《じゅく》も楽《たの》しいけど、それだけが私《わたし》の
世界《せかい》じゃないって思《おも》えるようになったよ！
これも推《お》し活《かつ》のおかげ！
アンナ

BASIC 02

あなたの推《お》しはどんな人《ひと》？

好《す》きな気《き》持《も》ちがあればどんな人《ひと》やものごとでも推《お》しになるよ。たとえばどんな推《お》しがいるのか見《み》てみよう！

アイドル

テレビやライブで活動《かつどう》している人《ひと》たちのこと。歌《うた》やダンスでパフォーマンスをしているよ。ひとりで活動《かつどう》している人《ひと》もいれば、グループで活動《かつどう》している人《ひと》たちも。歌《うた》が上手《じょうず》な人《ひと》や、ダンスがかっこいい人《ひと》など、メンバーによって得意《とくい》なことがちがうよ。自分《じぶん》の好《この》みに合《あ》ったグループやメンバーを探《さが》してみよう。

男性《だんせい》アイドル

アイドルは性別《せいべつ》ごとに分《わ》かれて活動《かつどう》していることが多《おお》く、男性《だんせい》アイドルグループと女性《じょせい》アイドルグループがあるよ。大《おお》きなグループでは人気投票《にんきとうひょう》でセンターを決《き》めることもあるよ。カッコイイ系《けい》、かわいい系《けい》など雰囲気《ふんいき》もさまざま。あこがれのお姉《ねえ》さんが見《み》つかるかも？

女性《じょせい》アイドル

ミュージシャン

歌《うた》を歌《うた》ったり楽器《がっき》を弾《ひ》いたり、音楽活動《おんがくかつどう》をしている人《ひと》たちのこと。SNSや配信《はいしん》サイトに曲《きょく》や動画《どうが》をあげている人《ひと》も多《おお》いよ。自分《じぶん》で作詞《さくし》・作曲《さっきょく》をして歌《うた》っている人《ひと》もいれば、つくった曲《きょく》を音声《おんせい》ソフトに歌《うた》ってもらう人《ひと》もいるよ。

芸能人《げいのうじん》

テレビや舞台《ぶたい》など、芸能界《げいのうかい》で活動《かつどう》する人《ひと》たちのこと。芸能事務所《げいのうじむしょ》に所《しょ》属《ぞく》していることが多《おお》いよ。自分《じぶん》の特技《とくぎ》や個性《こせい》を生《い》かしていろいろなジャンルで活躍《かつやく》しているんだ。SNSや動画投稿《どうがとうこう》サイトを使《つか》って自分《じぶん》で発信《はっしん》している人《ひと》もいるよ。

俳優《はいゆう》

演技《えんぎ》と本人《ほんにん》のギャップが好《す》き！

ドラマや映画《えいが》、舞台《ぶたい》などでさまざまな役《やく》を演《えん》じているよ。雑誌《ざっし》やテレビなど、いろいろなところで活躍《かつやく》するよ！

声優《せいゆう》

いい声《こえ》でいやされる！
台本

アニメや映画《えいが》などでキャラクターの声《こえ》やナレーションを担当《たんとう》しているよ。音楽活動《おんがくかつどう》をしている人《ひと》も！

モデル

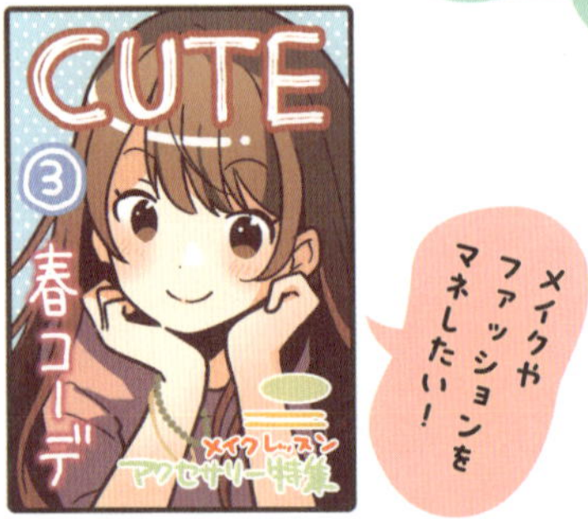
CUTE
③
春コーデ
メイクレッスン
アクセサリー特集
メイクやファッションをマネしたい！

主《おも》に雑誌《ざっし》やファッションショーで活躍《かつやく》しているよ。人気《にんき》のある人《ひと》はテレビやCMにも！自分《じぶん》でブランドを立《た》ち上《あ》げる人《ひと》もいるよ。

芸人《げいにん》

おもしろくて笑顔《えがお》になれる！

バラエティ番組《ばんぐみ》で大活躍《だいかつやく》。劇場《げきじょう》でのライブなどでネタも見《み》られるよ。ラジオが人気《にんき》なことも多《おお》いよ。

スポーツ選手《せんしゅ》

スポーツを仕事《しごと》として専門《せんもん》に活動《かつどう》している人《ひと》たちのこと。チームやスポンサー会社《がいしゃ》と契約《けいやく》して、試合《しあい》や大会《たいかい》に出《で》ているよ。ここで紹介《しょうかい》している以外《いがい》にも、バスケットボール、バレーボール、ゴルフや相撲《すもう》など、いろいろなスポーツがあるよ。

野球選手《やきゅうせんしゅ》

一生懸命《いっしょうけんめい》な姿《すがた》がかっこいい！

日本《にほん》のプロ野球《やきゅう》は12チーム。春《はる》から秋《あき》にかけて各地《かくち》の球場《きゅうじょう》で試合《しあい》を見《み》られるよ！

サッカー選手《せんしゅ》

たまに見《み》せる笑顔《えがお》もステキ！

日本全国《にほんぜんこく》にチームがあって、ファンイベントもたくさん！　日本《にほん》だけじゃなく、海外《かいがい》のチームを応援《おうえん》することもできるよ。

フィギュアスケート選手《せんしゅ》

演技《えんぎ》している姿《すがた》が芸術的《げいじゅつてき》！

ステキな衣装《いしょう》で音楽《おんがく》に合《あ》わせて演技《えんぎ》する人気《にんき》のスポーツ。表現力豊《ひょうげんりょくゆた》かな選手《せんしゅ》たちの真剣勝負《しんけんしょうぶ》にドキドキする！

動画《どうが》配信者《はいしんしゃ》・投稿者《とうこうしゃ》

歌《うた》やダンス、実況《じっきょう》など、自分《じぶん》の好《す》きなことや得意《とくい》なことを動画《どうが》にして発信《はっしん》している人《ひと》たちのこと。リアルタイムで配信《はいしん》することもあれば、録画《ろくが》したものを編集《へんしゅう》して投稿《とうこう》することもあるよ。コメントやSNSなどで交流《こうりゅう》できることがあるよ。

YouTuber

配信《はいしん》がおもしろい！

YouTubeでの動画《どうが》配信《はいしん》を専門《せんもん》にしている人《ひと》。バラエティ系《けい》やファッション系《けい》などいろいろなジャンルがあるよ。

VTuber

多彩《たさい》な表情《ひょうじょう》や動《うご》きがかわいい

キャラクターの姿《すがた》で動画《どうが》やライブ配信《はいしん》をしているよ。キャラになりきったり自分《じぶん》の性格《せいかく》を生《い》かしたりさまざま。

歌《うた》い手《て》

個性豊《こせいゆた》かな歌声《うたごえ》が好《す》き！

動画《どうが》共有《きょうゆう》サイトなどで歌《うた》を披露《ひろう》しているよ。もともとある曲《きょく》を歌《うた》ってみたり、自分《じぶん》で曲《きょく》をつくったりすることも。

インフルエンサー

流行《りゅうこう》がわかって飽《あ》きずに見《み》られる！

InstagramやTikTokで写真《しゃしん》やオリジナルのショート動画《どうが》を投稿《とうこう》して、流行《りゅうこう》をつくっているよ。

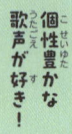

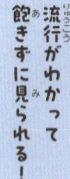

キャラクター

マンガやアニメ、ゲームに登場《とうじょう》する「2次元《じげん》」キャラクターなども推《お》しになるよ。たくさんグッズが出《で》ることが多《おお》いのも特徴《とくちょう》だよ。有名《ゆうめい》なブランドのマスコットやゆるキャラも、キャラクターのひとつ。

マンガ・アニメ・ゲーム

意志《いし》の強《つよ》さやずば抜《ぬ》けた能力《のうりょく》にあこがれる！

現実《げんじつ》だとありえない能力《のうりょく》やエピソードを持《も》っているなど、いろいろな魅力《みりょく》があるよ。人気《にんき》のマンガやゲームはグッズも豊富《ほうふ》！

キャラクター・マスコット

グッズがかわいくてほしくなる！

グッズだけじゃなく、テーマパークのグリーティング（キャラクターと会《あ》えるイベント）やコラボイベントなど楽《たの》しみ方《かた》もたくさん！

まとめ

ここにあるのは推《お》しのほんの一部《いちぶ》。世《よ》の中《なか》はたくさんの「好《す》き」であふれているんだね。みんなも自分《じぶん》が元気《げんき》になれる推《お》しを見《み》つけよう！

推《お》し活《かつ》Q&A

Q 「正《ただ》しい推《お》し活《かつ》」をしたいけど、どんなことをすればいいの？

A ルールを守《まも》り、推《お》しや周《まわ》りに迷惑《めいわく》をかけないように！

推《お》し活《かつ》のしかたは人《ひと》それぞれだから、「正《ただ》しい推《お》し活《かつ》」と言《い》えるものはないよ。それでも、公式《こうしき》のルールや法律《ほうりつ》を守《まも》って推《お》しに迷惑《めいわく》をかけないことや、心《こころ》から楽《たの》しいと思《おも》って推《お》し活《かつ》をすることが大切《たいせつ》だよ。ふだんの生活《せいかつ》が推《お》し活《かつ》に振《ふ》り回《まわ》されてしまったり、お金《かね》を使《つか》いすぎたりしてしまうのは、本当《ほんとう》に「楽《たの》しい」と言《い》えるかな？

自分《じぶん》のできる範囲《はんい》で、楽《たの》しく推《お》し活《かつ》をしようね！

Q 部活《ぶかつ》の先輩《せんぱい》とか、有名人《ゆうめいじん》じゃない人《ひと》を「推《お》し」と呼《よ》んでもいいの？

A 有名人《ゆうめいじん》と同《おな》じような扱《あつか》いはさけて！

どんな人《ひと》を「推《お》し」と呼《よ》ぶかは決《き》まっているわけじゃないから、身《み》近《ちか》な人《ひと》を「推《お》し」と思《おも》ったり、「推《お》し」としてこっそり応援《おうえん》したりするのはOK！　でも、その人《ひと》のことをいろいろ探《さぐ》ったり、むやみにアイドル扱《あつか》いしたりするのは、相《あい》手《て》の迷惑《めいわく》になるからやめよう。

Q 推《お》しを本気《ほんき》で好《す》きになっちゃいそう……。

A 推《お》しに伝《つた》えるのはちょっと待《ま》って！

推《お》しを本気《ほんき》で好《す》きになる「ガチ恋《こい》」は、「推《お》しのためにステキになりたい！」と、自分《じぶん》を成長《せいちょう》させるモチベーションにもなるよね。そんな自分磨《じぶんみが》きのためのガチ恋《こい》はOK！　でも、推《お》しにつきまとったり「付《つ》き合《あ》って」などと求《もと》めることはやめようね。

STAGE 2

推《お》しのことを知《し》ろう

推《お》し活《かつ》を始《はじ》めたいと思《おも》ったら、まずなにをすればいいのかな？　推《お》し活《かつ》のやり方《かた》はたくさんあるから、自分《じぶん》に合《あ》ったやり方《かた》を見《み》つけてみよう！

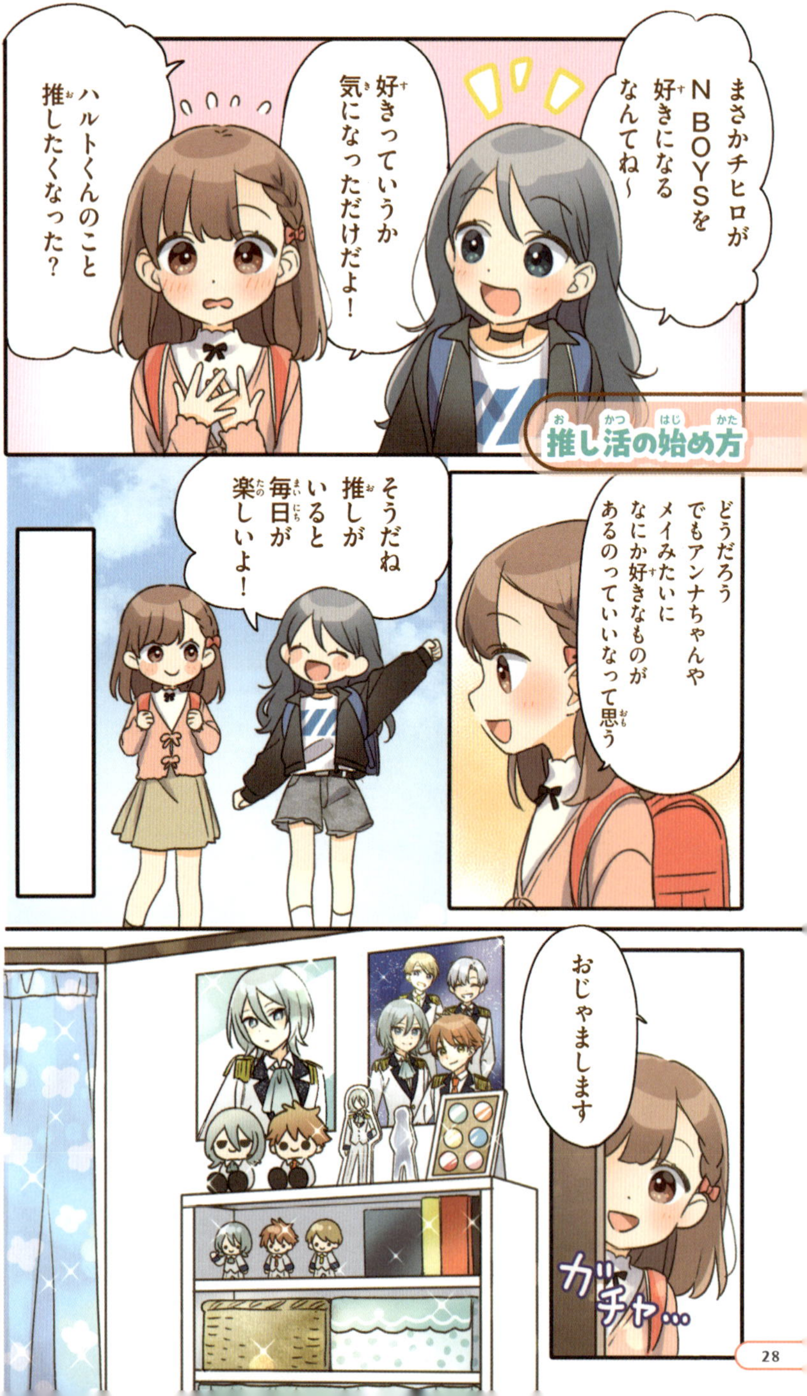
まさかチヒロが NBOYSを 好《す》きになる なんてね～
好《す》きっていうか 気《き》になっただけだよ！
ハルトくんのこと 推《お》したくなった？
推《お》し活《かつ》の始《はじ》め方《かた》
どうだろう でもアンナちゃんや メイみたいに なにか好《す》きなものが あるのっていいなって思《おも》う
そうだね 推《お》しが いると 毎日《まいにち》が 楽《たの》しいよ！
おじゃまします
ガチャ…

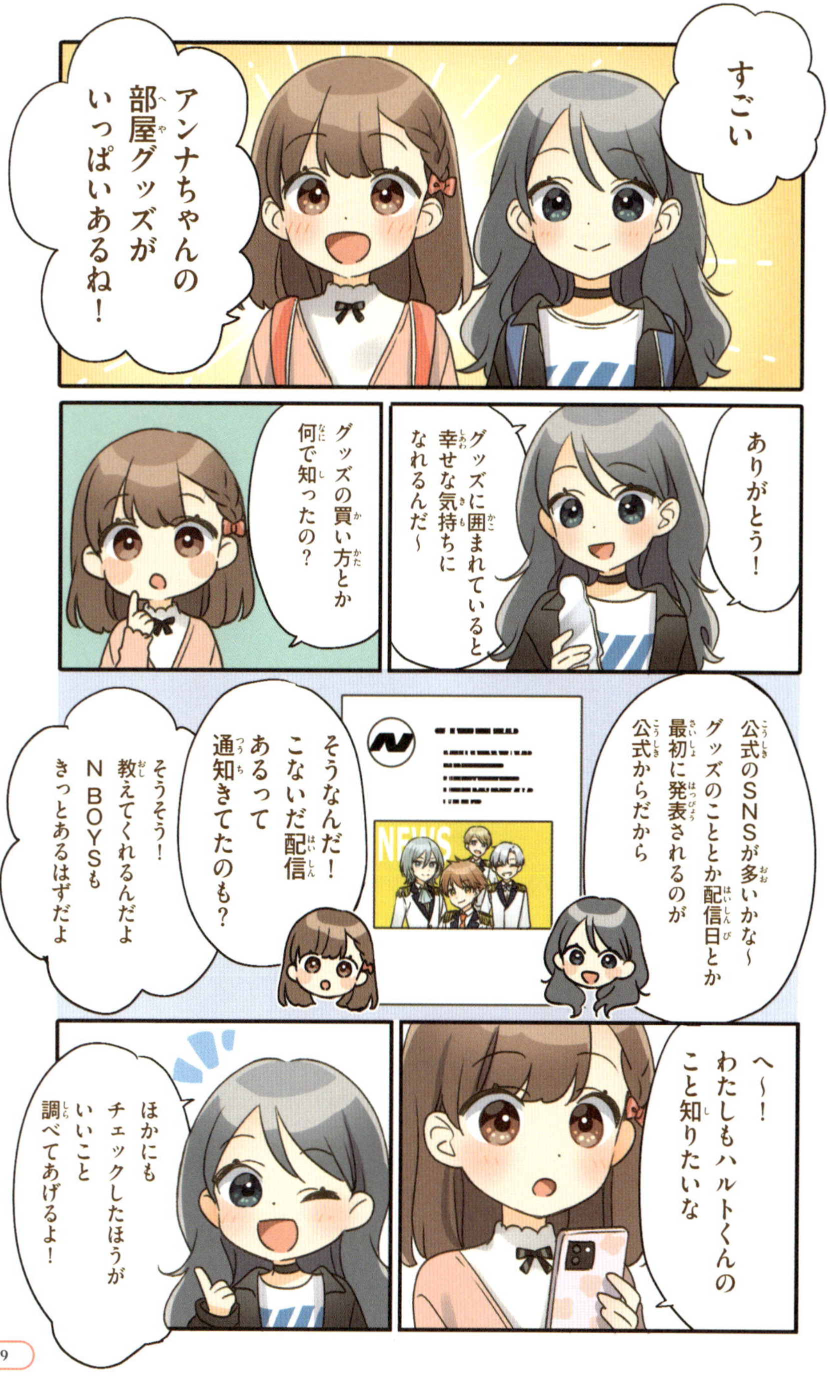
すごい
アンナちゃんの部屋《へや》グッズがいっぱいあるね！
ありがとう！
グッズに囲《かこ》まれていると幸《しあわ》せな気持《きも》ちになれるんだ〜
グッズの買《か》い方《かた》とか何《なに》で知《し》ったの？
公式《こうしき》のSNSが多《おお》いかな〜
グッズのこととか配信日《はいしんび》とか最初《さいしょ》に発表《はっぴょう》されるのが公式《こうしき》からだから
NEWS
そうなんだ！
こないだ配信《はいしん》あるって通知《つうち》きてたのも？
そうそう！
教《おし》えてくれるんだよ
N BOYSもきっとあるはずだよ
へ〜！
わたしもハルトくんのこと知《し》りたいな
ほかにもチェックしたほうがいいこと調《しら》べてあげるよ！

STEP 01 推《お》し活《かつ》ってどんなことをするの？

推《お》し活《かつ》って何《なに》をしたらいいんだろう？　みんながやっている推《お》し活《かつ》の一部《いちぶ》を紹介《しょうかい》するよ！

いろいろな推《お》し活《かつ》

推《お》し活《かつ》の方法《ほうほう》はいっぱいあるよ。自分《じぶん》に合《あ》った推《お》し活《かつ》で、推《お》しを応援《おうえん》しよう！　もちろん、ここで紹介《しょうかい》していない自分《じぶん》なりの楽《たの》しみ方《かた》を見《み》つけてもOK。推《お》しのことを応援《おうえん》する気持《きも》ちがあれば、どんな形《かたち》でも推《お》し活《かつ》になるよ。

推《お》しに会《あ》う

コンサートやライブなど、チケットを買《か》ってイベントに参加《さんか》できるよ。握手《あくしゅ》や、いっしょに写真《しゃしん》を撮《と》ることができるイベントもあるから調《しら》べてみよう。ビデオ通話《つうわ》でお話《はな》しできることもあるよ。

推《お》しを見《み》る

公式《こうしき》サイトやSNSの投稿《とうこう》、映像作品《えいぞうさくひん》などで推《お》しを見《み》ることも推《お》し活《かつ》のひとつ。何回《なんかい》かくり返《かえ》して見《み》ると、新《あたら》しい一面《いちめん》を発見《はっけん》することもあるよ。

推《お》しを広《ひろ》める

推《お》しの好《す》きな部分《ぶぶん》を友《とも》だちに伝《つた》えて、いっしょに推《お》し活《かつ》するのもステキ。まだみんなが知《し》らなさそうなおすすめポイントをまとめてみると、推《お》しの魅力《みりょく》を再確《さいかく》認《にん》できてもっと推《お》しを好《す》きになるかも。

推《お》しを感《かん》じる

服装《ふくそう》やアイテム、イメージカラーなど、推《お》しにまつわるものを集《あつ》めたり身《み》につけたりして、推《お》しを感《かん》じるのも楽《たの》しいよ。いつでも推《お》しといっしょにいる気分《きぶん》になれるんだ！

アンナちゃんはどんな推《お》し活《かつ》をしているの？

私《わたし》はやっぱりグッズを集《あつ》めてかざるのが好《す》き！

いっぱいグッズを持《も》っていて
楽《たの》しそうだよね

推《お》し活《かつ》は自分《じぶん》がやりたいことをするのが
大切《たいせつ》だから、チヒロはチヒロの
好《す》きが見《み》つかるといいね！

推《お》し活《かつ》を楽《たの》しむコツ

人《ひと》とくらべず、自分《じぶん》なりの楽《たの》しみ方《かた》を見《み》つけることを大切《たいせつ》にしよう！

他人《たにん》と自分《じぶん》をくらべない

推《お》し活《かつ》の方法《ほうほう》や時間《じかん》・お金《かね》の使《つか》い方《かた》は人《ひと》それぞれだから、だれかとくらべないこと。むりをせずに自分《じぶん》ができることを楽《たの》しもう！

周《まわ》りの人《ひと》に迷惑《めいわく》をかけない

どんなにあなたが好《す》きな推《お》しでも、興味《きょうみ》がない人《ひと》もいるよ。自分《じぶん》の好《す》きを押《お》しつけないように。いっしょにいる相手《あいて》の気持《きも》ちも考《かんが》えよう！

自分《じぶん》のことも大事《だいじ》にする

他《ほか》にするべきことをがまんして応援《おうえん》しても、あなたの推《お》しは喜《よろこ》ばないはず。まずは自分《じぶん》の体《からだ》や気持《きも》ちを大切《たいせつ》にしよう！

推《お》しに期待《きたい》しすぎない

推《お》しもひとりの人間《にんげん》(キャラクター)だから、あなたの理想通《りそうどお》りの行動《こうどう》をするわけではないよ。期待《きたい》を押《お》しつけすぎないようにしよう！

STEP 02

推《お》しの情報《じょうほう》を調《しら》べてみよう！

推《お》しのことをもっと知《し》りたいと思《おも》ったら、いろいろな方法《ほうほう》で調《しら》べてみよう！

インターネットで検索《けんさく》する

インターネットは便利《べんり》だけど、うそやでたらめが書《か》いてあることも多《おお》いんだ。使《つか》い方《かた》に注意《ちゅうい》しながら、推《お》しの情報《じょうほう》を手《て》に入《い》れよう！

チヒロ：どんなことを調《しら》べてみたらいいんだろう？

アンナ：推《お》しのことならなんでもOK！
リストを使《つか》っていっしょに調《しら》べてみよう！

調《しら》べたいことを短《みじか》い単語《たんご》で入《い》れてみよう

例《れい》 ○○(推《お》しの名前《なまえ》)　何歳《なんさい》？

調《しら》べるときに気《き》をつけたいこと

●いちばん信頼《しんらい》できるのは公式《こうしき》サイト

検索《けんさく》して出《で》てきたサイトがすべて信頼《しんらい》できるとは限《かぎ》らないよ。まずは公式《こうしき》サイトをチェックしよう。

●ファンがつくった情報《じょうほう》サイトも！

人気《にんき》の推《お》しだと熱心《ねっしん》なファンが情報《じょうほう》サイトをつくっていることがあるんだ。便利《べんり》だけど公式《こうしき》ではないから、すべてを信《しん》じないように気《き》をつけてね。

●お金《かね》をかせぐためのブログやサイトには気《き》をつけて

広告《こうこく》でお金《かね》をかせぐためだけに、でたらめな情報《じょうほう》をのせているサイトもあるよ。おもしろいと思《おも》っても、人《ひと》に広《ひろ》めるのはやめておこう。

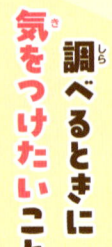

推《お》しについてのチェックリスト

まず、推《お》しの基本的《きほんてき》なことから調《しら》べてみよう！

推《お》しの基本《きほん》情報《じょうほう》

名前《なまえ》

ニックネーム

誕生日《たんじょうび》

趣味《しゅみ》

好《す》きな食《た》べ物《もの》

得意《とくい》なこと

苦手《にがて》なこと など

推《お》しに関《かか》わる情報《じょうほう》

ほかにも大事《だいじ》だと思《おも》ったことは自由《じゆう》に書《か》いてみよう

SNSのアカウント名《めい》

出演作品《しゅつえんさくひん》

イベント情報《じょうほう》

グッズ情報《じょうほう》

フリースペース

SNSの公式《こうしき》アカウントをチェックする

SNSは「ソーシャルネットワーキングサービス」の略《りゃく》で、インターネットを通《とお》して人《ひと》とつながることができるサービスのこと。推《お》し本人《ほんにん》や所属《しょぞく》している会社《かいしゃ》が情報発信《じょうほうはっしん》していることもあるよ。本人《ほんにん》や会社《かいしゃ》からの情報《じょうほう》を「公式《こうしき》」と言《い》うよ。

アンナちゃんはひとりでSNSをはじめたの？

ママがいっしょに設定《せってい》してくれたよ！
年齢制限《ねんれいせいげん》があるSNSも多《おお》いから
よく確認《かくにん》しよう！

SNSのはじめ方《かた》

SNSによってはじめ方《かた》がちがうから気《き》をつけよう！

①アプリをインストールする

SNSは専用《せんよう》のアプリがあることがほとんどだよ。はじめたいSNSのアプリを伝《つた》えて、家《いえ》の人《ひと》にインストールしてもらおう！

②アカウントをつくる

登録《とうろく》にはメールアドレスやパスワードが必要《ひつよう》だよ。パスワードはだれにもわからないものにしよう！

※多《おお》くのSNSでは新規《しんき》アカウントを作成《さくせい》できるのは13歳《さい》から。
12歳以下《さいいか》の場合《ばあい》は、家《いえ》の人《ひと》といっしょに作成《さくせい》・利用《りよう》しよう

アカウントをつくるときのポイント

推《お》し活専用《かつせんよう》のアカウントをつくる

推《お》し活専用《かつせんよう》のアカウントをつくると、同《おな》じ趣味《しゅみ》をもった仲間《なかま》が見《み》つかりやすく、推《お》しの情報《じょうほう》が手《て》に入《はい》りやすいよ。

アカウントの設定《せってい》は家《いえ》の人《ひと》にしてもらう

トラブルに巻《ま》き込《こ》まれないように、勝手《かって》にアカウントをつくるのはやめよう！

ATTENTION

SNSに個人情報《こじんじょうほう》は書《か》かないで！

SNSのアカウントでは、自分《じぶん》の名前《なまえ》や写真《しゃしん》、住所《じゅうしょ》、電話番号《でんわばんごう》、学校名《がっこうめい》、家族《かぞく》のことなど、個《こ》人情報《じんじょうほう》は絶対《ぜったい》に公開《こうかい》しないこと。基本的《きほんてき》には情報《じょうほう》を見《み》るためだけに使《つか》って、自分《じぶん》では発信《はっしん》しないのが安全《あんぜん》だよ。個人情報《こじんじょうほう》がわかると、危険《きけん》なトラブルに巻《ま》き込《こ》まれる可能性《かのうせい》があるよ。

③プロフィールを設定《せってい》する

知《し》らない人《ひと》とつながるSNSでは、本名《ほんみょう》や顔写真《かおじゃしん》を出《だ》さないようにしよう。

④推《お》しを検索《けんさく》してフォローする

検索画面《けんさくがめん》で推《お》しの名前《なまえ》を入《い》れて、公式《こうしき》アカウントを探《さが》してみよう。フォローしたら登録完了《とうろくかんりょう》！

※ファンがつくった公式《こうしき》によく似《に》た偽物《にせもの》のアカウントもあるから、公式《こうしき》サイトからのリンクやオフィシャルマークをよく確認《かくにん》しよう

どんなSNSを使《つか》えばいいの？

SNSはたくさんの種類《しゅるい》があるよ。推《お》しがよく使《つか》うSNSや、活動場所《かつどうばしょ》に合《あ》わせて使《つか》ってみよう！

代表的《だいひょうてき》なSNS

YouTube

動画《どうが》メインのSNS。有名《ゆうめい》な動画配信者《どうがはいしんしゃ》や、実況者《じっきょうしゃ》がよく使《つか》っているよ。推《お》しによっては動画《どうが》をアップする曜日《ようび》が決《き》まっていることもあるから確認《かくにん》しておこう！

LINE

公式《こうしき》からのお知《し》らせが届《とど》いたり、本人《ほんにん》からのメッセージが届《とど》いたりすることもあるよ。ちゃんと公式《こうしき》のアカウントかチェックしてから「友《とも》だち追加《ついか》」しよう！

X（旧《きゅう》：Twitter）

短《みじか》い文章《ぶんしょう》で気軽《きがる》に投稿《とうこう》できるSNSだよ。推《お》しの存在《そんざい》が身《み》近《ちか》に感《かん》じられるかもしれないけれど、友《とも》だちみたいな距《きょ》離感《りかん》で話《はな》しかけないようにしよう。

TikTok

ショート動画《どうが》が中心《ちゅうしん》のSNSだよ。ただ見《み》ているだけで次々《つぎつぎ》といろんな動画《どうが》が流《なが》れてくるから、新《あたら》しい推《お》しが見《み》つかりやすいよ。

Instagram

写真《しゃしん》か動画《どうが》と文章《ぶんしょう》がアップされるSNSだよ。24時間《じかん》で消《き》える「ストーリーズ」という投稿《とうこう》や、生配信《なまはいしん》（インスタライブ）があるのも特徴《とくちょう》のひとつ。深夜《しんや》の生配信《なまはいしん》に夢中《むちゅう》になって、寝《ね》る時間《じかん》を削《けず》らないように気《き》をつけて！

→SNSでの発信《はっしん》のしかたは122ページをチェック

SNSの使《つか》い方《かた》には気《き》をつけよう

個人情報《こじんじょうほう》を発信《はっしん》しない

知《し》らない人《ひと》に個人情報《こじんじょうほう》を知《し》られると犯罪《はんざい》に巻《ま》き込《こ》まれる可能性《かのうせい》が高《たか》くなるよ。発信《はっしん》する内容《ないよう》には気《き》をつけよう！

悪気《わるぎ》がなくても人《ひと》を傷《きず》つける発言《はつげん》はしない

SNSは顔《かお》が見《み》えなくても話《はなし》ができるから、つねに相手《あいて》がどう思《おも》っているかを忘《わす》れないようにしよう！

知《し》らない人《ひと》には用心《ようじん》する

どんなに推《お》しのことで盛《も》り上《あ》がっても、顔《かお》が見《み》えない相手《あいて》とは仲《なか》よくなりすぎないようにしよう。SNSでの姿《すがた》と実際《じっさい》の姿《すがた》はちがうことがほとんどだと思《おも》おう。

ネットの情報《じょうほう》をかんたんに信《しん》じない・拡散《かくさん》しない

SNSはだれでも書《か》き込《こ》めるから本当《ほんとう》のこともうそのことも書《か》いてあるよ。もしもまちがった情報《じょうほう》を拡散《かくさん》すると、うそが広《ひろ》まって推《お》しが悲《かな》しむよ。

犯罪《はんざい》や詐欺《さぎ》に気《き》をつける

やさしい人《ひと》もたくさんいるけど、悪《わる》いことを考《かんが》えている人《ひと》もいるから、ちょっとでもあやしいと思《おも》ったらすぐに家《いえ》の人《ひと》に相談《そうだん》しよう！

注意《ちゅうい》して写真《しゃしん》をのせる

学校《がっこう》や家《いえ》の場所《ばしょ》、自分《じぶん》の顔《かお》がわかってしまうような写真《しゃしん》をアップするのはやめよう。グッズの写真《しゃしん》を撮《と》るときは、写《うつ》り込《こ》みにも気《き》をつけて！

著作権《ちょさくけん》や肖像権《しょうぞうけん》を確認《かくにん》する

推《お》しの写真《しゃしん》を勝手《かって》にアップしたり、つくられたキャラクターを勝手《かって》に使《つか》ったりするのは、法律《ほうりつ》で禁止《きんし》されているよ。くわしくは134ページをチェック。

SNSを使《つか》うときは、世界中《せかいじゅう》とつながっていることを忘《わす》れないでね！

公式《こうしき》サイトをチェックする

「公式《こうしき》サイト」とは、推《お》し本人《ほんにん》や所属《しょぞく》している会社《かいしゃ》が情報《じょうほう》をまとめているサイトのことだよ。推《お》しのプロフィールや基本情報《きほんじょうほう》、イベント情報《じょうほう》など、いろいろな情報《じょうほう》がのっているよ！ 気《き》になるニュースは公式《こうしき》サイトからチェックしよう！

イベントやグッズのサイトをチェックする

公式《こうしき》サイト以外《いがい》にも、イベントごとにサイトがあったり、グッズ専門《せんもん》のサイトもあったりするよ。ネットでチケットやグッズを買《か》うときはかならず家《いえ》の人《ひと》に相談《そうだん》してからにしよう。

イベント情報《じょうほう》

公式《こうしき》のイベントは公式《こうしき》サイトを見《み》よう。コラボイベントをするときは、推《お》しの公式《こうしき》サイトにはくわしいことがのっていないこともあるよ。コラボする会社《かいしゃ》やイベント施設《しせつ》のサイトもチェックしよう。

グッズ販売《はんばい》

公式《こうしき》サイトからもくわしく発表《はっぴょう》されるけれど、販売時間《はんばいじかん》や販売期間《はんばいきかん》などはお店《みせ》やネットショップからの情報《じょうほう》もちゃんと確認《かくにん》しよう。お店《みせ》によって特典《とくてん》や送料《そうりょう》がちがうこともあるよ。

チケット購入《こうにゅう》

ライブやコンサートのチケットは、チケット販売《はんばい》サイトから買《か》うよ。そのサイトのアカウントが必要《ひつよう》になるから、申《もう》し込《こ》みたいときはかならず家《いえ》の人《ひと》に相談《そうだん》しようね。

テレビ、雑誌《ざっし》などのメディアをチェックする

ファンだけではなく、世《よ》の中《なか》に向《む》けて発信《はっしん》しているメディアに推《お》しが出《で》ることもあるよ。

テレビ

ドラマやバラエティ番組《ばんぐみ》、CMなどに出《で》ることもあるよ。番組《ばんぐみ》を見《み》られなかったときは見《み》のがし配信《はいしん》サイトでチェックしよう。地域限定番組《ちいきげんていばんぐみ》も、見《み》のがし配信《はいしん》サイトなら見《み》られることがあるよ。

雑誌《ざっし》

表紙《ひょうし》や特集《とくしゅう》として出《で》ていることもあれば、小説《しょうせつ》やエッセイを連載《れんさい》している人《ひと》もいるよ。発売日《はつばいび》と雑誌《ざっし》の日付《ひづけ》(発行日《はっこうび》)がちがうことが多《おお》いから気《き》をつけよう。図書館《としょかん》で読《よ》める雑誌《ざっし》もあるよ。

ラジオ・新聞《しんぶん》

ラジオや新聞《しんぶん》などに出《で》ていることもあるよ。ラジオは地域限定《ちいきげんてい》や遅《おそ》い時間《じかん》にやっていることもあるけれど、インターネットで過去《かこ》の放送《ほうそう》が聞《き》けることも！　新聞《しんぶん》は、推《お》しの出身地《しゅっしんち》のものやスポーツ新聞《しんぶん》などもチェックしてみよう！

テレビや雑誌《ざっし》だと、ふだんの推《お》しとはちがう姿《すがた》が見《み》られてときめくね！

チヒロ

デジタル配信《はいしん》、Blu-ray、DVDを見《み》る

映像作品《えいぞうさくひん》や楽曲《がっきょく》は、デジタル配信《はいしん》やBlu-rayなどで楽《たの》しむことができるよ。映画館《えいがかん》やライブに行《い》けなくても、家《いえ》で推《お》し活《かつ》しよう！

動画配信《どうがはいしん》

Amazon Prime VideoやNetflixなどの動画《どうが》配信《はいしん》サービスで、アニメやライブ映像《えいぞう》が配信《はいしん》されているよ。配信期間《はいしんきかん》が限《かぎ》られていたり、配信《はいしん》サービスごとに見《み》られるものがちがうので、いつどこで見《み》られるのかチェック！

音楽配信《おんがくはいしん》

SpotifyやApple Musicなど、毎月同《まいつきおな》じ金額《きんがく》をはらって音楽《おんがく》が聞《き》き放題《ほうだい》になるサービスもあるよ。それぞれの音楽配信《おんがくはいしん》サービス限定《げんてい》の動画《どうが》や音声《おんせい》が配信《はいしん》されることも。

Blu-ray、DVD、CD

ディスクに入《はい》っている映像《えいぞう》や音楽《おんがく》を楽《たの》しめるよ。購入《こうにゅう》特典《とくてん》としてグッズがついていたり、ライブやイベントの応募券《おうぼけん》がついていたりすることもあるよ。

チヒロ

昔《むかし》のライブを映像《えいぞう》で見《み》ることができるんだ？

アンナ

そうだよ！ まるいディスクだから「円盤《えんばん》」って呼《よ》ぶ人《ひと》もいるみたい！

チヒロ

わたしが好《す》きになる前《まえ》のライブとか見《み》てみたいなぁ

POINT デジタル配信《はいしん》サービスとは？

ネットを使《つか》ってリアルタイム配信《はいしん》や過去《かこ》の配信《はいしん》を見《み》ることができるサービスのこと。毎月同《まいつきおな》じ値段《ねだん》で見放題《みほうだい》や聞《き》き放題《ほうだい》できる「サブスク（サブスクリプション）」というしくみのものが多《おお》いよ。

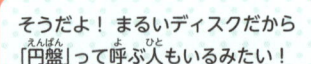

グッズを集《あつ》める

決《き》まったお店《みせ》やネットショップで買《か》いやすい公式《こうしき》グッズだけでなく、イベントや期間限定《きかんげんてい》のグッズもたくさんあるよ。身《み》につけられるものからかざって楽《たの》しむものまで、自分《じぶん》の好《す》きなものを見《み》つけよう！

グッズリスト

- キーホルダー
- アクリルスタンド
- ペンライト
- うちわ
- 缶《かん》バッジ
- チェキ
- カードホルダー
- トートバッグ
- Tシャツ
- タオル
- リストバンド
- ステッカー
- スマホグッズ
- 文房具《ぶんぼうぐ》
- カプセルトイ
- トレーディングカード
- カレンダー
- ぬいぐるみ
- アクセサリー
- 香水《こうすい》
- 生写真《なまじゃしん》
- コースター
- ポスター、タペストリー
- ポーチ
- 食器《しょっき》
- 飲《の》み物《もの》
- コスメ
- お菓子《かし》
- フィギュア
- ハンガー

などたくさん！

ATTENTION

ランダムグッズには気《き》をつけよう

中身《なかみ》が見《み》えなくて絵柄《えがら》やキャラクターがランダムに出《で》てくる「ランダムグッズ」。推《お》しが出《で》るまでほしくなってしまうけれど、お金《かね》の使《つか》いすぎには注意《ちゅうい》！ どうしてもほしいときは、家《いえ》の人《ひと》といっしょに交換《こうかん》してくれる人《ひと》をさがしてみるのもひとつの方法《ほうほう》だよ。

ファンクラブに入会《にゅうかい》する

ファンクラブは推《お》しを応援《おうえん》したい人《ひと》のための公式《こうしき》の場《ば》。お金《かね》がかかるけど、推《お》しをたくさん応援《おうえん》したい人《ひと》にはおすすめだよ。

POINT こんな人《ひと》におすすめ

ファンクラブに入会《にゅうかい》するいちばんのメリットは、ファンクラブ特典《とくてん》として先《さき》にイベントに申《もう》し込《こ》める場合《ばあい》があること。イベントに行《い》く回数《かいすう》が多《おお》かったり、どうしても行《い》きたいイベントがある人《ひと》におすすめだよ。ほかに、ファンクラブ限定《げんてい》の情報《じょうほう》が知《し》れることも！

ファンクラブに入《はい》るとなにができるの？

チケットがとりやすい

ファンクラブの人《ひと》は、入《はい》っていない人《ひと》より早《はや》くチケットの申《もう》し込《こ》みができることが多《おお》いよ。外《はず》れてもふつうの抽選《ちゅうせん》も申《もう》し込《こ》めるからチャンスが増《ふ》えるよ！

情報《じょうほう》を早《はや》く知《し》れる

世《よ》の中《なか》に公開《こうかい》されるよりも前《まえ》に、ファンクラブで発表《はっぴょう》されるパターンも多《おお》いよ。いつでも最新《さいしん》の情報《じょうほう》がゲットできるよ。

限定《げんてい》のコンテンツがある

いつも応援《おうえん》しているファンクラブ会員《かいいん》のためだけのイベントや動画《どうが》などが公開《こうかい》されたり、会報《かいほう》が送《おく》られてくることもあるよ。

ファンクラブに入《はい》ると、いろいろ特典《とくてん》があるんだね！いいなぁ

入会金《にゅうかいきん》とか年会費《ねんかいひ》とか、お金《かね》がかかるから、家《いえ》の人《ひと》に相談《そうだん》しないとね

ファンクラブ以外《いがい》の応援《おうえん》サービスって？

YouTubeメンバーシップやpixivFANBOX、ニコニコ動画《どうが》、アメーバブログ、noteなど、外部《がいぶ》のサービスを使《つか》ったファンクラブのようなものもあるよ。ファンクラブとくらべて、より直接的《ちょくせつてき》に推《お》しを応援《おうえん》できることも。お金《かね》がかかるものが多《おお》いけど、サービスに入《はい》っている人《ひと》だけが見《み》られる動画《どうが》や絵《え》、文章《ぶんしょう》などがあるよ。

有名《ゆうめい》な応援《おうえん》サービス	
YouTube メンバーシップ	動画《どうが》に特化《とっか》した有料《ゆうりょう》サービスだよ。メンバー限定《げんてい》の動画《どうが》だけではなく、先行《せんこう》して配信《はいしん》されることもあるよ。
note	文章《ぶんしょう》を書《か》く人《ひと》が多《おお》く使《つか》っているよ。バックナンバーが限定公開《げんていこうかい》されていたり、有料《ゆうりょう》の記事《きじ》にコメントできたりするよ。無料《むりょう》で読《よ》めるものも！
pixivFANBOX	イラストがメインのサービスだよ。描《か》いている途中《とちゅう》のイラストなどを限定公開《げんていこうかい》してくれることがあるよ。

よく見《み》るYouTuberが限定配信《げんていはいしん》があるって言《い》ってたけど、見《み》たことないな～

メンバーシップに入《はい》ったら見《み》られるってことなんだね

POINT 限定公開《げんていこうかい》ってなにを話《はな》しているの？

「限定《げんてい》」と言《い》われるとどんな内容《ないよう》なのか気《き》になってしまうよね。ゆるい雑談《ざつだん》だったり、イベントの裏話《うらばなし》だったり推《お》しによってさまざま。限《かぎ》られた人《ひと》しか見《み》られないから、ふみこんだ内容《ないよう》になることもあるよ。見《み》たかったら家《いえ》の人《ひと》に相談《そうだん》してね。

推《お》し活《かつ》Q&A

Q 推《お》しを変《か》える「推《お》し変《へん》」って してもいいのかな？

A 問題《もんだい》なし！ でも周《まわ》りの気持《き》《も》ちは気《き》にかけよう

だれを応援《おうえん》するかはあなたの自由《じゆう》。だから推《お》し変《へん》をしても問題《もんだい》ないよ。ただし、推《お》し変《へん》することを本人《ほんにん》に伝《つた》えたり、SNSで言《い》ったりするのはやめよう。推《お》しや、それを見《み》たほかのファンは、いい気持《きも》ちはしないはず。伝《つた》え方《かた》に気《き》をつけて、新《あたら》しい推《お》しを応援《おうえん》しよう。

Q 推《お》しのテレビ出演《しゅつえん》が減《へ》ってさびしい……

A 落《お》ちこまずに 出演《しゅつえん》のタイミングが来《く》るまで待《ま》とう！

テレビ出演《しゅつえん》が減《へ》るのは、次《つぎ》のお仕事《しごと》の準備中《じゅんびちゅう》だったり、何《なに》かの撮影中《さつえいちゅう》だったりする可能性《かのうせい》があるよ。必要以上《ひつよういじょう》に悲《かな》しまず、新《あたら》しい情報《じょうほう》発表《はっぴょう》があるまで、推《お》しの動画《どうが》やライブ映像《えいぞう》を見返《みかえ》しながら待《ま》とう。「今《いま》のうちに成績《せいせき》アップを目指《めざ》す！」みたいな目標《もくひょう》を立《た》てるのもアリ！

Q 出演情報《しゅつえんじょうほう》からプライベートまで、推《お》しのことは全部知《ぜんぶし》りたい！

A あなたはあくまでファン。 すべてを知《し》ることはできないよ

推《お》しのすべてを知《し》ることは、家族《かぞく》や友《とも》だちのような身近《みぢか》な人《ひと》でもできないことなんだ。みんなにも、人《ひと》に知《し》られたくないことがあるよね？　もし推《お》しの秘密《ひみつ》やプライベートなことまで知《し》ろうとすれば、推《お》しを傷《きず》つけてしまうことになるよ。また、推《お》しの公式情報《こうしきじょうほう》を全部見《ぜんぶみ》なきゃ！　と必死《ひっし》になりすぎていないかな。自分《じぶん》に合《あ》ったペースで必要《ひつよう》な情報《じょうほう》だけをキャッチするようにしよう。

推《お》しをすべて知《し》ることが「推《お》し活《かつ》」ではないってことだね！

STAGE 3

推《お》し活《かつ》友《とも》だちをつくろう

推《お》し活《かつ》はひとりでも楽《たの》しめるけど、友《とも》だちといっしょだともっと楽《たの》しめるよ。ここでは友《とも》だちのつくり方《かた》や、友《とも》だちとの推《お》し活《かつ》の楽《たの》しみ方《かた》を紹介《しょうかい》するよ。

ハルトくんのこと もっと知《し》りたいなぁ
!!
N BOYS
じーー
これってN BOYSのトートバッグなんじゃ……
わたしのバッグがなにか?
ユウカ
それってN BOYSのトートバッグなのかなって…… N BOYS好《す》きなの?
ママが好《す》きで使《つか》わせてくれているのです
N BOYS
わたしの推《お》しは京極《きょうごく》さんですが……
デビルスレイヤー

じつは ペンケースも NBOYS なんです
N BOYS
え! こんな グッズも あるんだ
チヒロさんも NBOYS 好《す》き なんですか?
ちょっとね この前《まえ》テレビ見《み》てて 気《き》になっちゃって
推《お》しとは いいものです
まだ 推《お》しってわけじゃ……
今日《きょう》よかったら 家《いえ》に来《き》ませんか? ライブ映像《えいぞう》やメンバーの グッズをお見《み》せしますよ
えっ いいの!? 見《み》たい!!

STEP 01

推《お》し活《かつ》友《とも》だちってなに？

推《お》しの話《はなし》で盛《も》りあがれる「推《お》し活友《かつとも》だち」がいると、できることが増《ふ》えて推《お》し活《かつ》がもっと楽《たの》しくなるよ！

N BOYS についていろいろ話《はな》せる友《とも》だちができてうれしい！

わたしたちは「推《お》し活友《かつとも》だち」ということになりますね！

推《お》し活《かつ》友《とも》だちと学《がっ》校《こう》の友《とも》だちとのちがいは？

ふだんの生活《せいかつ》の話題《わだい》で盛《も》りあがれる学校《がっこう》の友《とも》だちとはちがい、推《お》し活《かつ》友《とも》だちは推《お》しの話題《わだい》やイベントをいっしょに楽《たの》しむ友《とも》だちだよ！　もちろん学校《がっこう》の友《とも》だちが推《お》し活友《かつとも》だちになることもあるよ！

	学《がっ》校《こう》の友《とも》だち	推《お》し活《かつ》友《とも》だち
出会《であ》い	同《おな》じクラスになったり、席《せき》が近《ちか》くなったりすることで仲《なか》よくなる	推《お》し活《かつ》を通《とお》して仲《なか》よくなる
年齢《ねんれい》・住《す》み	年齢《ねんれい》が同《おな》じで、住《す》んでいる場所《ばしょ》が近《ちか》い	年齢《ねんれい》や住《す》んでいる場所《ばしょ》などがさまざまなことがある
話題《わだい》	学校《がっこう》やふだんの生活《せいかつ》の話題《わだい》で盛《も》りあがれる	推《お》しの話《はなし》で盛《も》りあがれるので、初対面《しょたいめん》でも仲《なか》よくなりやすい

推《お》し活《かつ》友《とも》だち、ここが楽《たの》しい！

情報交換《じょうほうこうかん》ができる

推《お》しの出演《しゅつえん》する番組《ばんぐみ》やイベントなど、いろんな情報《じょうほう》を気軽《きがる》に伝《つた》え合《あ》うことができるよ。

グッズの交換《こうかん》ができる

ランダムグッズを交換《こうかん》したり、ひとり1個《こ》までなどの決《き》まりがあるときに協力《きょうりょく》したりできる！

いっしょにイベントに行《い》ける

コラボイベントやライブがあるとき、友《とも》だちと行《い》くとさらに楽《たの》しめるよ！

推《お》しについて語《かた》れる

推《お》しへの思《おも》いを語《かた》り、いっしょに思《おも》い出《で》づくりができるのは、推《お》し活友《かつとも》だちだからこそ！

推《お》し活《かつ》友《とも》だち、ここがちょっと大変《たいへん》!?

金銭感覚《きんせんかんかく》が合《あ》わない

推《お》し活《かつ》にお金《かね》をたくさん使《つか》う友《とも》だちに合《あ》わせて、お金《かね》を使《つか》ってしまわないように注意《ちゅうい》！

友《とも》だちと自分《じぶん》をくらべてしまう

友《とも》だちのチケットや座席《ざせき》の当選運《とうせんうん》、ファン歴《れき》の長《なが》さなどで、うらやましく感《かん》じてしまうことも。

自分《じぶん》のペースで推《お》せない

友《とも》だちの予定《よてい》や希望《きぼう》に合《あ》わせすぎると、自分《じぶん》なりの推《お》し活《かつ》ができなくなってしまうかも……。

STEP 02

推《お》し活《かつ》友《とも》だちを見《み》つける

推《お》しが同《おな》じ人《ひと》や推《お》し活《かつ》している人《ひと》となら、推《お》しのことをもっとたくさん話《はな》せるはず！　どうやって探《さが》したらいいのかな？

N BOYSのなかでも、ハルトくん推《お》しの人《ひと》と友《とも》だちになって、いろいろ話《はな》してみたいなぁ

「同担《どうたん》」を見《み》つけたいなら、SNSとかも使《つか》ってみたら？

推《お》しが同《おな》じ＝「同《どう》担《たん》」って？

推《お》しが同《おな》じ人《ひと》のことを「同《おな》じ推《お》しを担当《たんとう》する」という言葉《ことば》から「同担《どうたん》」と言《い》うこともあるよ。推《お》しが同《おな》じだと、盛《も》りあがる瞬間《しゅんかん》も同《おな》じだから楽《たの》しそうだよね。もちろん、ほかのメンバーやキャラクターが好《す》きな人《ひと》とも推《お》し活友《かつとも》だちになれるし、ちがった楽《たの》しみがあるよ。

POINT　「同担拒否《どうたんきょひ》」の場合《ばあい》もある

同担《どうたん》のなかには、「推《お》しが同《おな》じ人《ひと》とは交流《こうりゅう》しない」と考《かんが》える「同担拒否《どうたんきょひ》」の人《ひと》もいるんだ。
くわしくは148ページをチェック！

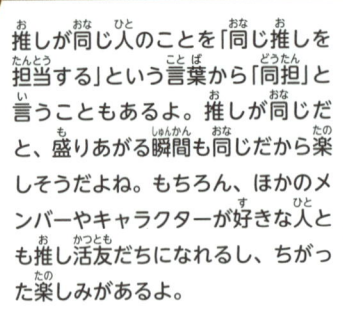

推《お》し活《かつ》友《とも》だちや同《どう》担《たん》を見《み》つけるには？

「まわりに推《お》し活《かつ》をしている子《こ》がいない……」と思《おも》っても、じつはいろんな方法《ほうほう》で推《お》し活友《かつとも》だちや同担《どうたん》を見《み》つけられるよ。

持《も》っているグッズを話題《わだい》にする

学校《がっこう》などで推《お》しのグッズを持《も》っている人《ひと》を見《み》つけたら、「○○、好《す》きなの？」「わたしも好《す》きなんだ！」などと声《こえ》をかけてみよう。

プロフ帳《ちょう》でアピール！

プロフィール帳《ちょう》（プロフ帳《ちょう》）に「推《お》しは○○です」などと書《か》いたり、ほかの人《ひと》のプロフ帳《ちょう》に推《お》しが同《おな》じ人《ひと》がいないかをチェック！

ライブやイベントで仲《なか》よしに！

推《お》しのライブやファンミーティングなどでとなりになった人《ひと》や、グッズ販売《はんばい》の待《たい》機《き》列《れつ》で近《ちか》くにいた人《ひと》と仲《なか》よくなれることもあるよ。

SNSで探《さが》してみよう！

プロフィール欄《らん》に「○○が好《す》きです」と書《か》いたり、「#○○好《ず》きとつながりたい」といったハッシュタグを使《つか》って検《けん》索《さく》してみよう！

ATTENTION

SNSを利用《りよう》するときの注意点《ちゅういてん》

●SNSは、家《いえ》の人《ひと》と相談《そうだん》しながら利用《りよう》しよう。個人情報《こじんじょうほう》がわかってしまう内《ない》容《よう》や、顔《かお》が写《うつ》った写真《しゃしん》は投稿《とうこう》しないでね。推《お》しの画像《がぞう》を使《つか》いたいときは、公式《こうしき》からOKが出《で》ているかどうか、134ページも見《み》て気《き》をつけよう！

チヒロ

SNSなら推《お》し活友《かつとも》だちも見《み》つかりやすいけど、注意《ちゅうい》して使《つか》わなくっちゃ！

最近《さいきん》は推《お》し活友《かつとも》だちを見《み》つけるためのアプリもあるけど、使《つか》い方《かた》には注意《ちゅうい》しようね！

アンナ

STEP 03

友《とも》だちになりたいときの話《はな》しかけ方《かた》

「あの子《こ》と推《お》し活友《かつとも》だちになりたい！」と思《おも》ったら、相手《あいて》の気持《きも》ちも考《かんが》えながら、自分《じぶん》から話《はな》しかけてみよう。

となりのクラスに同担《どうたん》っぽい子《こ》がいるんだけど、友《とも》だちになるにはなんて声《こえ》をかけたらいいのかな？

まずは笑顔《えがお》であいさつをしてみましょう！

話《はな》しかけるときの基本《きほん》のマナー

話《はな》しかけようと思《おも》っても、「いやがられたらどうしよう」「変《へん》な人《ひと》って思《おも》われないかな？」なんて考《かんが》えてしまうこともあるかも。まずは話《はな》すときの基本《きほん》のマナーを守《まも》って、明《あか》るく声《こえ》をかけてみよう！

まずは笑顔《えがお》のあいさつから！

相手《あいて》から話《はな》しかけてもらうのを待《ま》つのではなく、まずは自《じ》分《ぶん》から笑顔《えがお》であいさつをしてみよう。相手《あいて》が「話《はな》しやすい人《ひと》だな」と思《おも》ってくれて、仲《なか》よくなりやすくなるよ！

「ありがとう」と「ごめんね」が大切《たいせつ》！

相手《あいて》に何《なに》かをしてもらったら、かならず「ありがとう」と感謝《かんしゃ》の気持《きも》ちを伝《つた》えよう。また、相手《あいて》に失礼《しつれい》なことをしたと思《おも》ったら、すぐに「ごめんね」とあやまろうね。

相手《あいて》の話《はなし》も聞《き》こう！

自分《じぶん》の話《はなし》ばかりするのではなく、相手《あいて》の話《はなし》もしっかり聞《き》くようにしよう。「わたしはこう思《おも》うけど、○○ちゃんはどう？」とたずねると、会話《かいわ》がスムーズになるよ。

話《はな》しかけるときの注《ちゅう》意《い》点《てん》

話《はな》しかけるときは、相手《あいて》がいやな気持《きも》ちにならないようにすることが大切《たいせつ》だよ。

いきなりなれなれしくしない

推《お》しを好《す》きだとしても、推《お》している強《つよ》さは人《ひと》それぞれ。「ちょっと好《す》き」程度《ていど》の人《ひと》もいるから、グイグイと話《はな》しかけたり、なれなれしくしたりすると、引《ひ》かれてしまうこともあるよ。

SNSで見《み》つけても直接本人《ちょくせつほんにん》には言《い》わない

SNSで推《お》し活《かつ》をしていても、ふだんは推《お》し活《かつ》をしていることを隠《かく》している人《ひと》もいるよ。SNSなどでその人《ひと》だとわかっても、「SNS見《み》たよ！」と話《はな》しかけるのはやめよう。

場所《ばしょ》やタイミングを選《えら》ぶ

どんなに話《はな》しかけたくても、授業中《じゅぎょうちゅう》や図書館《としょかん》の中《なか》など、静《しず》かにしなくてはいけないところで話《はな》しかけるのはやめようね。もし話《はな》しかけられたら、「あとで話《はな》そうね」と伝《つた》えよう。

相手《あいて》の推《お》しの悪口《わるぐち》を言《い》うのは絶対《ぜったい》ダメ！

相手《あいて》と推《お》しがちがったとき、たとえ冗談《じょうだん》のつもりでも「○○ってかっこよくないよね」など相手《あいて》の推《お》しの悪口《わるぐち》を言《い》うことは、絶対《ぜったい》にやめよう。相手《あいて》をとても傷《きず》つけてしまうよ。

相手《あいて》の気持《きも》ちを考《かんが》えて話《はな》しかけるようにしたいですね。わたしも気《き》をつけないと……

ユウカ

STEP 04

友《とも》だちに推《お》しを布《ふ》教《きょう》する

推《お》し活《かつ》をしていると、みんなに推《お》しを知《し》ってもらいたくなるよね。どうしたら推《お》しに興味《きょうみ》を持《も》ってもらえるか、考《かんが》えてみよう！

みんなにもハルトくんに
ハマってもらいたいから、
動画《どうが》を見《み》せまくろうかなぁ

うーん……。むりやり見《み》せられても
こまっちゃうかも……

「布《ふ》教《きょう》」するときのポイント！

「布《ふ》教《きょう》」とは、推《お》しのいいところやハマりポイントをアピールして周《まわ》りに広《ひろ》めること。「自分《じぶん》の推《お》しを好《す》きになってほしいから、友《とも》だちにも布《ふ》教《きょう》したい！」って思《おも》うこともあるはず。相手《あいて》の気持《きも》ちを考《かんが》えずに押《お》しつけるのではなく、興味《きょうみ》を持《も》ってもらえるようにさりげなく布《ふ》教《きょう》してみよう！

むりやり布《ふ》教《きょう》しない

「好《す》きだよね」「絶対《ぜったい》見《み》て！」と押《お》しつけずに、「○○ちゃんはこういうの好《す》き？」、「おもしろいアニメがあるんだけど知《し》ってる？」など、さりげなく布《ふ》教《きょう》してみよう。

相手《あいて》の反応《はんのう》を見《み》よう

布《ふ》教《きょう》するときは、相手《あいて》のようすを見《み》ることが大切《たいせつ》。いやがっていないか、興味《きょうみ》を持《も》ってくれているか、反応《はんのう》を見《み》よう。興味《きょうみ》がありそうなら、推《お》しの代表的《だいひょうてき》な作品《さくひん》を少《すこ》しずつすすめてみてね。

画像《がぞう》や動画《どうが》で紹介《しょうかい》しよう

言葉《ことば》で説明《せつめい》するだけでは、推《お》しの魅力《みりょく》が十分《じゅうぶん》に伝《つた》わらないことがあるかも。だから、あなたのお気《き》に入《い》りの画像《がぞう》や動《どう》画《が》を使《つか》って、推《お》しのどんなところがステキなのかを説明《せつめい》してみよう！

まとめてみよう！ 推《お》し布教《ふきょう》ノート

推《お》しをみんなに布教《ふきょう》するために、あらかじめ推《お》しのおすすめポイントをまとめておけば、推《お》しの魅力《みりょく》をわかりやすく伝《つた》えられるよ！

推《お》しProfile

名前《なまえ》 ハルト

何《なに》をしている人《ひと》？ アイドル！

推《お》しの名前《なまえ》やニックネーム、所属《しょぞく》しているグループなどを書《か》いてみよう！

推《お》しってこんな人《ひと》！

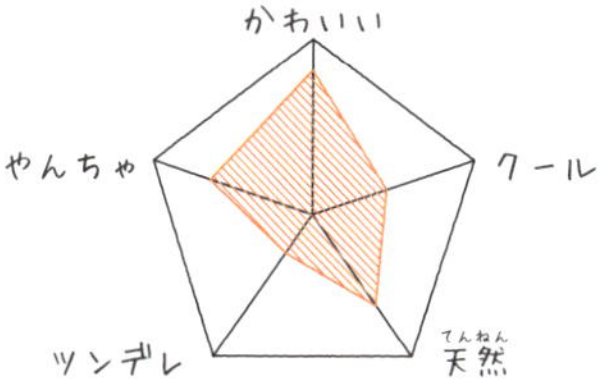

見《み》た目《め》や性格《せいかく》など、推《お》しのステキなところをあげてみよう。グラフにしてもOK！

推《お》しポイント BEST 3

1. とにかく明《あか》るい！
2. ダンスがうまい！
3. ファン思《おも》い！

推《お》しのおすすめポイントを紹介《しょうかい》！ ランキングのようにしてもいいね！

どこで見《み》られる？

- ☑ YouTube
- ☑ Instagram
- ☐ TikTok
- ☑ そのほか

年《ねん》に1回《かい》のライブ

友《とも》だちに見《み》てもらえるよう、どこで推《お》しを見《み》ることができるか紹介《しょうかい》しよう！

POINT ほかにもこんなことを書《か》いてみよう！

- わたしが好《す》きになったきっかけ
- 推《お》しを一言《ひとこと》であらわすなら
- 推《お》しを動物《どうぶつ》にたとえると
- 推《お》しに「きゅん！」としたエピソード
- 推《お》しと仲《なか》がいいメンバーは？
- 推《お》しに会《あ》えたらどうする？

STEP 05

友《とも》だちと推《お》しを語《かた》る

ついつい友《とも》だちに推《お》しのことを話《はな》したくなるけど、自分《じぶん》ばかり話《はな》していないかな？　相手《あいて》のことを考《かんが》えて話《はな》せるようになろう。

ハルトくんの話《はなし》を、ハルトくんを知《し》らない友《とも》だちにしても平気《へいき》かな？

マナーを守《まも》っていれば、「推《お》し語《がた》り」をしても大丈夫《だいじょうぶ》ですよ！

「推《お》し語《がた》り」とは？

推《お》しへの思《おも》いや、感想《かんそう》などを話《はな》すことを「推《お》し語《がた》り」といったりするよ。話《はな》すときは、相手《あいて》への気《き》づかいも忘《わす》れないでね。

相手《あいて》が推《お》し活友《かつとも》だちや同担《どうたん》のとき

推《お》しへの思《おも》いや推《お》し方《かた》のちがいがあることを理解《りかい》して、おたがいの話《はなし》を否定《ひてい》しないようにしよう。

相手《あいて》が推《お》し活《かつ》をしていない人《ひと》のとき

会《あ》うたびに推《お》しの話《はなし》をするのではなく、ときどき「推《お》しの話《はなし》をしてもいい？」と聞《き》いてから話《はな》してみよう！

SNSへの投稿《とうこう》や音声配信《おんせいはいしん》で推《お》し語《がた》りをする人《ひと》もいるんですよ

「推《お》し語《がた》り」ここに注意《ちゅうい》！

思《おも》わず推《お》しへの愛《あい》があふれてしまう「推《お》し語《がた》り」。好《す》き勝手《かって》に話《はな》すのではなく、相手《あいて》の反応《はんのう》を見《み》ながら話《はな》すことが大事《だいじ》だよ。

一方的《いっぽうてき》に話《はな》さない

相手《あいて》の話《はなし》を聞《き》かず、一方的《いっぽうてき》に推《お》しの話《はなし》をしてしまうと、相手《あいて》がうんざりしちゃうかも……。そのせいで、推《お》しに対《たい》してもいやな印象《いんしょう》をもたれてしまうこともあるんだ。

ネタバレに気《き》をつけて！

どんなにおもしろい話《はなし》でも、内容《ないよう》を先《さき》に言《い》うネタバレには気《き》をつけて。どうしても話《はな》す必要《ひつよう》があるときは、「ネタバレになるけど、話《はな》してもいい？」など聞《き》いてからにしよう。

ネガティブな話題《わだい》は避《さ》けよう

ネガティブな話《はなし》は、だれだって聞《き》きたくないよね。それは推《お》しについても同《おな》じこと。「もっとSNS更新《こうしん》してほしいんだよね」など、グチっぽく話《はな》すと、相手《あいて》は「いやだな」と思《おも》ってしまうよ。

うそや知《し》ったかぶりはNG！

推《お》しについてのうその話《はなし》や、知《し》らないことなのに知《し》っているふりをして話《はな》すのはNG。また、推《お》しのために何円《なんえん》使《つか》ったなど、必要以上《ひつよういじょう》に話《はなし》を「盛《も》る」ことはやめよう！

POINT 話《はな》し方《かた》や語《かた》る場所《ばしょ》にも注意《ちゅうい》！

推《お》し語《がた》りをするときは、話《はな》し方《かた》にも気《き》をつけて！　推《お》しのことをたくさん伝《つた》えたくて、つい早口《はやくち》になっていないかな？　また、人《ひと》が多《おお》いところで推《お》しのプライベートの話《はなし》をするのは、推《お》しのプライバシーを傷《きず》つけることにもなるから、注意《ちゅうい》しようね！

STEP 06

友《とも》だちと推《お》し活《かつ》を楽《たの》しむ

推《お》し活友《かつとも》だちがいれば、推《お》しの新曲《しんきょく》や新作動画《しんさくどうが》をいっしょに楽《たの》しめるよ。ライブやイベントの当選確率《とうせんかくりつ》もあがるかも!?

友《とも》だちと推《お》し活《かつ》を楽《たの》しむには、何《なに》をすればいいのかな？

わたしのおすすめは、いっしょに生配信《なまはいしん》を見《み》ることかな？ 友《とも》だちとリアルタイムで盛《も》りあがれて楽《たの》しいよ！

みんなで集《あつ》まって推《お》し活《かつ》をしよう！

もちろんひとりで推《お》し活《かつ》を楽《たの》しむこともできるけど、友《とも》だちがいると、ふだんとはちがった楽《たの》しみ方《かた》ができるよ！ たとえば、推《お》しの番組出演後《ばんぐみしゅつえんご》や新曲発表後《しんきょくはっぴょうご》などにみんなで集《あつ》まれば、そのときの感動《かんどう》をいっしょに分《わ》かち合《あ》えるんだ。みんなで応援《おうえん》グッズをつくるなど、友《とも》だちがいるからこそできる楽《たの》しみを味《あじ》わおう！

推《お》し活《かつ》友《とも》だちと楽《たの》しめることって？

ライブやイベントにいっしょに行《い》く

いっしょに参加《さんか》して感想《かんそう》を言《い》い合《あ》おう。おそろいのうちわをつくったり、ライブのための準備《じゅんび》もできる！

推《お》しの「誕生日会《たんじょうびかい》」

「本人不在《ほんにんふざい》の誕生日会《たんじょうびかい》」をしよう！　部《へ》屋《や》を推《お》しグッズでかざったり、ケーキをつくったりしてみて！

推《お》しのコーデを楽《たの》しむ！

推《お》しをイメージしたコーデや、推《お》しカラーのファッションをみんなで考《かんが》えながら楽《たの》しもう！

「推《お》し縛《しば》り」のカラオケをする

推《お》しの持《も》ち歌《うた》や、推《お》しが出《で》ているドラマ・アニメの曲《きょく》に限定《げんてい》して（推《お》し縛《しば》りにして）みんなで歌《うた》おう！

上映会《じょうえいかい》をする

配信《はいしん》された動画《どうが》やライブ映像《えいぞう》などをみんなで見《み》れば、いっしょにライブに行《い》った気分《きぶん》になって盛《も》りあがれるね！

推《お》しグッズとの「撮影会《さつえいかい》」

推《お》しのアクリルスタンドやぬいぐるみといっしょにおでかけして、みんなで撮影会《さつえいかい》をしよう！

聖地巡礼《せいちじゅんれい》

推《お》しが行《い》った場所《ばしょ》や、アニメ・漫画《まんが》の舞台《ぶたい》になった場所《ばしょ》に行《い》くことだよ。（くわしくは83ページ）

友《とも》だちが推《お》し活《かつ》をやめちゃったら……

いっしょに推《お》し活《かつ》を楽《たの》しんでいた友《とも》だちが推《お》し活《かつ》をやめてしまったとしたら、ショックだし、さびしい気持《きも》ちになっちゃうよね。だからといって、「推《お》し活《かつ》を続《つづ》けて！」と強制《きょうせい》するのはやめよう。たとえ推《お》しというつながりがなくなったとしても、おたがいに思《おも》いやりをもっていれば、友《とも》だちとはずっと仲《なか》よくいられるよ！

STEP 07

SNSで推《お》し活《かつ》友《とも》だちをつくる

SNSは、推《お》し活友《かつとも》だちをつくるにはぴったりだけど、気《き》をつけたいこともあるよ。もちろん、SNSがなくても推《お》し活《かつ》は楽《たの》しめるよ！

SNSで推《お》し活友《かつとも》だちを探《さが》そうと思《おも》うんだけど、自分《じぶん》の名前《なまえ》を出《だ》してもいいのかな？

ちょっと待《ま》ってください！SNSを安全《あんぜん》に使《つか》うためのルールを確認《かくにん》しましょう！

「SNSは危険《きけん》」って本当《ほんとう》？

SNSは、手軽《てがる》に友《とも》だちとコミュニケーションをとれるから、できることが広《ひろ》がるよ。推《お》し活《かつ》をしている人《ひと》とつながれたり、推《お》しや公《こう》式《しき》の情報《じょうほう》を手《て》に入《い》れられたり、とても便利《べんり》。だけど、ちょっとした言葉《ことば》の使《つか》い方《かた》で誤解《ごかい》されてしまったり、悪《わる》い人《ひと》が「なりすまし」で近《ちか》づいてきたり、トラブルも多《おお》いんだ。楽《たの》しい推《お》し活《かつ》がいやな思《おも》い出《で》に変《か》わってしまわないように、家《いえ》の人《ひと》とルールを確認《かくにん》しようね。

SNSで安全《あんぜん》に推《お》し活《かつ》を楽《たの》しもう！

推《お》しの情報《じょうほう》を集《あつ》めたり推《お》し活友《かつとも》だちと交流《こうりゅう》したりするなら、SNSが便《べん》利《り》だよ。そんなSNSを安全《あんぜん》に楽《たの》しむためのルールを紹介《しょうかい》するよ。

家《いえ》の人《ひと》といっしょに登録《とうろく》しよう！

SNSのアカウントは、かならず家《いえ》の人《ひと》といっしょに登録《とうろく》をして、IDやパスワードをしっかり管理《かんり》しよう。また、使《つか》う時《じ》間《かん》などのルールも、家《いえ》の人《ひと》と話《はな》し合《あ》って決《き》めようね！

アカウントは「限定公開《げんていこうかい》」が安全《あんぜん》

アカウントを限定公開《げんていこうかい》（鍵《かぎ》アカ）にすると、投稿《とうこう》を見《み》る人《ひと》を限定《げんてい》できるよ。フォローするのは、直接《ちょくせつ》会《あ》ったことのある友《とも》だちと、推《お》しの公式《こうしき》アカウントだけにしたほうが安全《あんぜん》だよ。

個人情報《こじんじょうほう》がわかる投稿《とうこう》はしない

名前《なまえ》や住所《じゅうしょ》、年齢《ねんれい》、性別《せいべつ》などの個人情報《こじんじょうほう》がわかるような投稿《とうこう》はしないでおこうね。誘拐《ゆうかい》やストーカー、性犯罪《せいはんざい》などに巻《ま》き込《こ》まれる可能性《かのうせい》が高《たか》くなるよ。

投稿《とうこう》する前《まえ》に
家《いえ》の人《ひと》に
見《み》てもらおう

ATTENTION

投稿《とうこう》しちゃダメな写真《しゃしん》って？

- 位置情報《いちじょうほう》がついた写真《しゃしん》
- ➡スマホの設定《せってい》で位置情報《いちじょうほう》をオフにしよう
- 顔《かお》がはっきり写《うつ》った写真《しゃしん》
- ➡顔写真《かおじゃしん》が悪用《あくよう》されたり、瞳《ひとみ》に映《うつ》った風景《ふうけい》から住所《じゅうしょ》がわかったりするよ
- 近所《きんじょ》の風景《ふうけい》や制服《せいふく》などが写《うつ》った写真《しゃしん》
- ➡住所《じゅうしょ》や学校《がっこう》がわかってしまうよ

POINT オープンチャットって？

最近《さいきん》は、LINEの「オープンチャット（オプチャ）」で、推《お》し活《かつ》トークに参加《さんか》している人《ひと》も多《おお》いよね。オプチャに参加《さんか》するときは、本名《ほんみょう》に近《ちか》い名前《なまえ》は使《つか》わないようにしよう。なかにはいやがらせや犯罪《はんざい》をするために入《はい》っている人《ひと》もいるんだ。推《お》しに関係《かんけい》ない話《はなし》が続《つづ》いたり、いやな気持《きも》ちになったりしたら、ノートなどを削除《さくじょ》して退会《たいかい》しようね。

STEP 08

SNSでできた友《とも》だちと会《あ》うことになったら？

SNSにはいろいろな人《ひと》がいるから、学校《がっこう》で会《あ》う友《とも》だちとはちがうことを忘《わす》れないでね。気《き》をつけたいことを覚《おぼ》えておこう。

SNSで知《し》り合《あ》った推《お》し活友《かつとも》だちから、「直接会《ちょくせつあ》おう」って言《い》われたんだけど……

うーん……わたしなら会《あ》わないな。まず家《いえ》の人《ひと》に相談《そうだん》してみないと

会《あ》ったことのない人《ひと》からのメッセージに注意《ちゅうい》！

SNSでは、会《あ》ったことのない人《ひと》からメッセージが来《く》ることもあるよ。心《こころ》がひかれる内容《ないよう》だったとしても、信用《しんよう》しないでおこうね。とくに右《みぎ》のようなメッセージが来《き》たら、あなたをだまそうとしている可能性《かのうせい》が高《たか》いから、返信《へんしん》せずに家《いえ》の人《ひと》に相談《そうだん》しよう。

- 「直接会《ちょくせつあ》いたいな」
- 「ここをクリックすると、〇〇くん（推《お》し）の特別《とくべつ》な動画《どうが》が見《み》られるよ」
- 「〇〇くんと知《し》り合《あ》いだから、あなたの写真《しゃしん》を送《おく》ってくれたら〇〇くんにも見《み》せることができるよ」
- 「〇〇くんのグッズ、タダであげる」

POINT ボイスチャットにも注意《ちゅうい》しよう！

会《あ》ったことがない人《ひと》とのボイスチャット（音声《おんせい》でのやりとり）にも注意《ちゅうい》して！　相手《あいて》に聞《き》かれるがままに自分《じぶん》のことを話《はな》したら、危険《きけん》なトラブルや犯罪《はんざい》に巻《ま》き込《こ》まれてしまうよ。男性《だんせい》が機械《きかい》で声《こえ》を変《か》えて、女性《じょせい》になりすましていることも少《すく》なくないんだ。

SNSで「直接会《ちょくせつあ》いたい」と言《い》われたら？

SNSで知《し》り合《あ》って、直接顔《ちょくせつかお》を見《み》たことがない人《ひと》に会《あ》いにいくのはやめよう。SNSは顔《かお》が見《み》えないままコミュニケーションをとれるから、かんたんに「なりすまし」ができるんだよ。同《おな》い年《どし》の女《おんな》の子《こ》だと思《おも》っていたら、じつは大人《おとな》の男《おとこ》の人《ひと》だったなんてことも……。直接会《ちょくせつあ》うと、危険《きけん》なトラブルや犯罪《はんざい》に巻《ま》き込《こ》まれてしまうこともあるんだ。

どうしても会《あ》いたいときは、
家《いえ》の人《ひと》についてきてもらおう。
子《こ》どもだけで会《あ》いにいくのは絶対《ぜったい》ダメだよ！

SNSでのやりとりの注意点《ちゅういてん》

言葉《ことば》がうまく伝《つた》わらないことも

SNSでの言葉《ことば》のやりとりでは、うまく気持《きも》ちが伝《つた》わらず、誤解《ごかい》をまねいてしまうことも。冗談《じょうだん》のつもりで投稿《とうこう》したことが、相手《あいて》を傷《きず》つける可《か》能性《のうせい》があるよ。

悪口《わるぐち》や秘密《ひみつ》は書《か》かない

友《とも》だちの悪口《わるぐち》や秘密《ひみつ》をSNSに投稿《とうこう》するのは、絶対《ぜったい》にやめよう。人《ひと》は、言葉《ことば》でとても傷《きず》ついたり、追《お》いつめられたりしやすいんだ。自分《じぶん》の投稿《とうこう》には責任《せきにん》を持《も》とうね。

鍵《かぎ》アカでも投稿《とうこう》には注意《ちゅうい》を！

「鍵《かぎ》アカだから何《なに》を書《か》いてもバレない」と思《おも》っていても、投稿《とうこう》のスクショ（スマホ画面《がめん》を保存《ほぞん》した画像《がぞう》）が広《ひろ》まってしまうこともあるよ。たとえ鍵《かぎ》アカでも、だれに見《み》られてもいい内容《ないよう》を投稿《とうこう》しよう。

投稿《とうこう》の前《まえ》はかならず読《よ》み返《かえ》して、
内容《ないよう》や言葉《ことば》づかいを確認《かくにん》しないとね

推《お》し活《かつ》Q&A

Q 友《とも》だちにわたしの推《お》しをバカにされちゃった……

A 好《す》きなものは人《ひと》それぞれ。「そっかー」と受《う》け流《なが》そう！

バカにすることはよくないけれど、好《す》きなものは人《ひと》それぞれだから、「あなたはそう感《かん》じるんだね。でもわたしは好《す》きなの」という気《き》持《も》ちで「そっかー」と受《う》け流《なが》そう。逆《ぎゃく》に、もしあなたが友《とも》だちの推《お》しを気《き》に入《い》らなかったとしても、けなさないようにしよう。

Q 友《とも》だちがたくさんグッズを持《も》っていてうらやましい！

A 自分《じぶん》は自分《じぶん》。人《ひと》とくらべないように！

人《ひと》とくらべたり張《は》り合《あ》ったりせずに、「自分《じぶん》は自分《じぶん》」と考《かんが》えよう。無《む》理《り》をしてもつらくなっちゃうよ。どうしてもうらやましくなってしまうなら、グッズの話《はなし》はなるべくしないなど、話題《わだい》を工夫《くふう》してみよう！　できる範囲《はんい》で推《お》し活《かつ》するのがステキ！

Q 友《とも》だちにわたしの推《お》しを好《す》きになってもらうにはどうしたらいいの？

A 推《お》しの魅力《みりょく》を伝《つた》える練習《れんしゅう》をしよう！

あなたが思《おも》う推《お》しのいいところを、魅力的《みりょくてき》に伝《つた》える練習《れんしゅう》をしてみよう。ただし、自分《じぶん》の推《お》しの話《はなし》を押《お》しつけるだけじゃなく、友《とも》だちの推《お》しや趣味《しゅみ》の話《はなし》をきちんと聞《き》こう。おたがいの好《す》きなものが増《ふ》えたらもっと楽《たの》しくなるね。

Q SNSでつながった年上《としうえ》の友《とも》だちと、どんなふうにつきあえばいいの？

A 1対《たい》1の会話《かいわ》や直接《ちょくせつ》会《あ》うさそいには慎重《しんちょう》に！

年齢関係《ねんれいかんけい》なく、推《お》しを応援《おうえん》している人《ひと》とつながれるのがSNSのいいところだよね。推《お》しについて話《はな》すのはOKだけど、DMなどで個人情《こじんじょう》報《ほう》は話《はな》さないようにしよう。「直接《ちょくせつ》会《あ》おう」と言《い》われたときは、まずは家《いえ》の人《ひと》に相談《そうだん》を！

（62ページもチェック）

STAGE 4

推《お》し活《かつ》を楽《たの》しもう

グッズをかざったり、推《お》しの誕生日《たんじょうび》をお祝《いわ》いしたり、いろいろな方法《ほうほう》で推《お》し活《かつ》を楽《たの》しめるよ。ライブやイベントなどに参加《さんか》する前《まえ》の準備《じゅんび》やマナーも紹介《しょうかい》！

おはよー
ユウカちゃんのお母《かあ》さんにもらった缶《かん》バッジつけてきたよ！
かぶっていたものですからママもハルトくん推《お》しがもらってくれて喜《よろこ》んでいました
ユウカ ママ
貸《か》してもらったCDもすごくよかった！ ハルトくん歌《うた》も上手《じょうず》だよね
彼《かれ》はリーダーでありメインボーカルですから！彼《かれ》の歌唱力《かしょうりょく》なくしてNBOYSの楽曲《がっきょく》は成立《せいりつ》しないと言《い》っても過言《かごん》ではないでしょう。そもそもNBOYSは5人《にん》の声質《こえしつ》のバランスがとてもいいと言《い》われていまして、ママが言《い》うには……
あなたたちNBOYSが好《す》きなんだ？
!? マイカちゃん……だよね？
マイカ

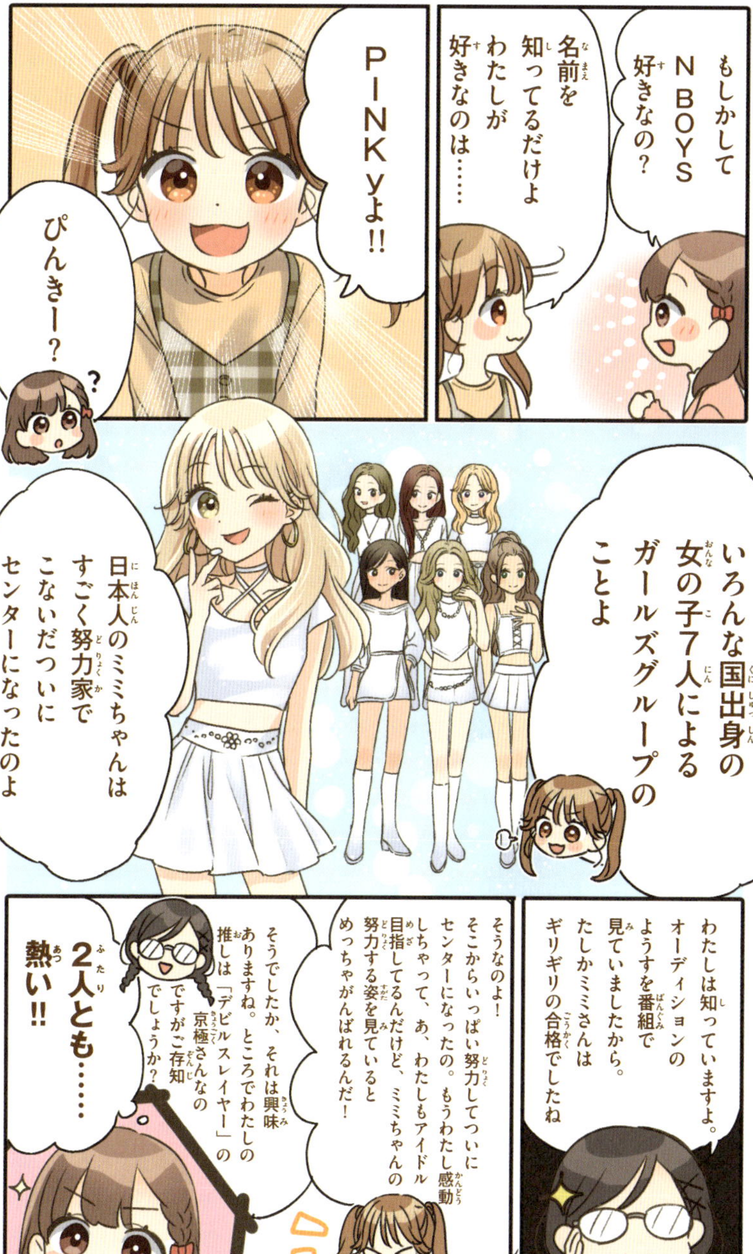
もしかしてNBOYS好《す》きなの？
名前《なまえ》を知《し》ってるだけよ わたしが好《す》きなのは……
PINKyよ!!
ぴんきー？
？
いろんな国《くに》出身《しゅっしん》の女《おんな》の子《こ》7人《にん》によるガールズグループのことよ
日本人《にほんじん》のミミちゃんはすごく努力家《どりょくか》でこないだついにセンターになったのよ
わたしは知《し》っていますよ。オーディションのようすを番組《ばんぐみ》で見《み》ていましたから。たしかミミさんはギリギリの合格《ごうかく》でしたね
そうなのよ！そこからいっぱい努力《どりょく》してついにセンターになったの。もうわたし感動《かんどう》しちゃって、あ、わたしもアイドル目指《めざ》してるんだけど、ミミちゃんの努力《どりょく》する姿《すがた》を見《み》ているとめっちゃがんばれるんだ！
そうでしたか、それは興味《きょうみ》ありますね。ところでわたしの推《お》しは「デビルスレイヤー」の京極《きょうごく》さんなのですがご存知《ぞんじ》でしょうか？
2人《ふたり》とも……熱《あつ》い!!

STEP 01 グッズをかざる、使《つか》う

推《お》しのグッズは宝物《たからもの》。大切《たいせつ》にしまっておくのもいいけれど、かざったり使《つか》ったりすれば、いつもの生活《せいかつ》がもっと楽《たの》しくなるよ！

ついにハルトくんのグッズを買《か》っちゃった！　ステキにかざりたいけど、どうすればいいかな？

部屋《へや》にかざるだけじゃなくて、ほかにも楽《たの》しみ方《かた》はいろいろありますよ

推《お》し部《べ》屋《や》をつくろう

部屋《へや》の見《み》やすい場所《ばしょ》にかざると、毎《まい》日《にち》推《お》しに会《あ》えている気分《きぶん》になれるよ。机《つくえ》の周《まわ》りに置《お》けば、勉強《べんきょう》を応援《おうえん》してもらえているみたい！

POINT

「祭壇《さいだん》」で愛《あい》を形《かたち》に！

棚《たな》の上《うえ》や本棚《ほんだな》に、祭壇《さいだん》（推《お》しのグッズを並《なら》べたコーナー）をつくるのもステキ。きょうだいと同《おな》じ部屋《へや》を使《つか》っているなど、部屋全体《へやぜんたい》をかざれないときにもおすすめだよ。

いっしょにお出《で》かけをしよう

キーホルダーや缶《かん》バッジは持《も》ち運《はこ》びしやすくてお出《で》かけにぴったり。バッジや写真《しゃしん》を入《い》れられる透明《とうめい》なポケットつきバッグもあるよ。自分《じぶん》だけのバッグをつくるのもおすすめ！

大切《たいせつ》なものだから、なくさないように気《き》をつけてね！

学校《がっこう》でも推《お》しとすごそう

もし、推《お》しのグッズにペンケースや鉛筆《えんぴつ》、消《け》しゴムなどの文房《ぶんぼう》具《ぐ》があれば、推《お》しといっしょに勉強《べんきょう》している気分《きぶん》になれそう。ノートや手帳《てちょう》などにシールを貼《は》るのもいいね。

学校《がっこう》によっては持《も》っていってはいけないものもあるので、決《き》まりを守《まも》りましょう。高価《こうか》なものを持《も》っていくのも×

STEP 02

グッズと写真《しゃしん》を撮《と》る

推《お》しをもっと身近《みぢか》に感《かん》じる方法《ほうほう》……それは、グッズと写真《しゃしん》を撮《と》ること！　ステキな思《おも》い出《で》を残《のこ》せる写真《しゃしん》のアイデアを紹介《しょうかい》するよ。

せっかくゲットした推《お》しグッズ。
かわいく写真《しゃしん》を撮《と》るには
どうしたらいいかな？

わたしは推《お》しとのお出《で》かけを想像《そうぞう》しているよ！
思《おも》いっきりかわいく、愛《あい》がいっぱいの写真《しゃしん》を
撮《と》っちゃおう♡

かわいい写真《しゃしん》を撮《と》る準備《じゅんび》をしよう

撮《と》りたい写真《しゃしん》のイメージをふくらませるために、推《お》しとのお出《で》かけを想像《そうぞう》してみるのがおすすめ。推《お》しといっしょに行《い》きたいところを考《かんが》えてみよう。推《お》しの好《す》きなファッションに合《あ》わせたり、推《お》しカラーをとり入《い》れたりして服《ふく》を選《えら》ぶのも楽《たの》しいよ。

POINT

シチュエーションも考《かんが》えよう！

すっきりした朝《あさ》やきれいな夕焼《ゆうや》けなど、時間帯《じかんたい》も考《かんが》えてみよう。春《はる》は桜《さくら》、冬《ふゆ》は雪《ゆき》など、季節《きせつ》の景色《けしき》といっしょに撮《と》るのもステキ♪

かわいく写真《しゃしん》を撮《と》ろう

外《そと》で撮《と》るとき

日差《ひざ》しが強《つよ》すぎると写真《しゃしん》が白《しろ》くなってしまうので日陰《ひかげ》などで撮《と》るのがおすすめ。背景《はいけい》ではなく推《お》しグッズにピントが合《あ》うように調整《ちょうせい》しよう。iPhoneで撮《と》る場合《ばあい》は、カメラの倍率《ばいりつ》を0.9倍《ばい》にするとグッズも背景《はいけい》もぼやけづらくなるよ。背景《はいけい》まで広《ひろ》く写《うつ》すときは0.5倍《ばい》に！

ユウカ

周《まわ》りの人《ひと》や建物《たてもの》が写《うつ》り込《こ》まないよう気《き》をつけましょう

カフェなどで撮《と》るとき

お店《みせ》やほかのお客《きゃく》さんの迷惑《めいわく》にならないようにね

窓際《まどぎわ》などで太陽《たいよう》の光《ひかり》を使《つか》うときれいに写《うつ》るよ。料理《りょうり》とグッズをいっしょに撮《と》るときは、いちばん背《せ》の高《たか》いものに合《あ》わせて全体《ぜんたい》のバランスを決《き》めるのがおすすめだよ！

自分《じぶん》といっしょに撮《と》るとき

タイマー機能《きのう》や三脚《さんきゃく》を使《つか》うのもおすすめ

推《お》しグッズと写真《しゃしん》を撮《と》るときは、自分《じぶん》もステキに写《うつ》りたいよね。カメラを自分《じぶん》より少《すこ》し上《うえ》にすると顔《かお》をすっきり見《み》せる効果《こうか》アリ。背景《はいけい》に余計《よけい》なものが写《うつ》っていないかもチェック。

STEP 03 自分《じぶん》だけのグッズをつくる

推《お》しグッズを自分《じぶん》でつくれば、もっと思《おも》い入《い》れのあるアイテムになるよ。自分《じぶん》だけのスペシャルな推《お》しグッズをつくっちゃおう！

最近《さいきん》、ビーズでアクセサリーをつくるのにハマっているんだけど、これも推《お》し活《かつ》に生《い》かせないかな？

それなら、推《お》しグッズを手《て》づくりしてみるのはどう？　世界《せかい》にひとつだけの推《お》しグッズが完成《かんせい》だよ

わぁ、それ楽《たの》しそう♪
アクセサリー以外《いがい》にもいろいろな推《お》しグッズがつくれそうだね！

グッズをデザインしよう

大好《だいす》きな推《お》しのグッズには、手《て》づくりできるものもたくさんあるよ。推《お》しカラーをとり入《い》れたり、お気《き》に入《い》りの写真《しゃしん》を使《つか》ったりすれば、つくっているときも楽《たの》しめる！　つくったグッズは自分《じぶん》で楽《たの》しむだけにしてね。人物《じんぶつ》の写真《しゃしん》、キャラクターには肖像権《しょうぞうけん》や著作権《ちょさくけん》があるから気《き》をつけよう(→134ページ)。

自《じ》作《さく》グッズってどんなものがあるの？

推《お》しシール

推《お》しの写真《しゃしん》や絵《え》を用意《ようい》したら、両面《りょうめん》テープを貼《は》って切《き》り抜《ぬ》くだけでもシールに。画像《がぞう》データから本物《ほんもの》みたいなシールをつくれるプリンターもあるよ。

小物《こもの》・アクセサリー

推《お》しの写真《しゃしん》をラミネートした「しおり」や、レジンでつくるアクセサリーなど。スマホケースに写真《しゃしん》を入《い》れるだけでもオリジナルグッズになる！

推《お》しぬい・ぬいの服《ふく》

フェルトでつくれる推《お》しの「ぬい(ぬいぐるみ)」があれば、いつでもいっしょにいられるね。推《お》しの服《ふく》もつくれば、着《き》せ替《か》えも楽《たの》しめるよ！

食《た》べ物《もの》

推《お》しをイメージした食《た》べ物《もの》をつくるのも楽《たの》しい！　クッキーやケーキを推《お》し色《いろ》にデコレーションするだけでも推《お》しスイーツになるよ。

グッズをアレンジしよう

推《お》しの写真《しゃしん》にシールやストーンを貼《は》ったり、ペンライトに名前《なまえ》やリボンをつけたり、公式《こうしき》のグッズを自分《じぶん》なりにアレンジするのもおすすめ。アレンジ用《よう》の材料《ざいりょう》は100円《えん》ショップなどでも手《て》に入《はい》るよ。

STEP 04

推《お》しの誕《たん》生《じょう》日《び》をお祝《いわ》いする

大好《だいす》きな推《お》しの誕生日《たんじょうび》は特別《とくべつ》な日《ひ》。盛大《せいだい》にお祝《いわ》いしたいよね！
楽《たの》しい思《おも》い出《で》になる誕生日《たんじょうび》の祝《いわ》い方《かた》を紹介《しょうかい》するよ。

チヒロ

もうすぐハルトくんの誕生日《たんじょうび》！
心《こころ》をこめてお祝《いわ》いしたいな！

ユウカ

推《お》しに感謝《かんしゃ》をあらわせるように
盛大《せいだい》にお祝《いわ》いしたいですね！

誕《たん》生《じょう》日《び》の情《じょう》報《ほう》を集《あつ》めよう

まずは推《お》しの誕生日《たんじょうび》をしっかり確認《かくにん》しよう。公式《こうしき》プロフィールやファンブックを見《み》てね。アニメなどのキャラクターにも誕生《たんじょう》日《び》が設定《せってい》されていることがあるよ。誕生日《たんじょうび》当日《とうじつ》は、ライブ配信《はいしん》やイベントがあることもあるから忘《わす》れずチェックしよう。誕生《たんじょう》日《び》が近《ちか》づいてきたら、公式《こうしき》サイトや本人《ほんにん》のSNSをこまめに確《かく》認《にん》してみてね！

LIVE
当日《とうじつ》にオンライン配信《はいしん》！
参加方法《さんかほうほう》や開始時間《かいしじかん》をチェック！

誕生日《たんじょうび》のカウントダウンをしよう

大切《たいせつ》な日《ひ》だから、当日《とうじつ》までのワクワク感《かん》も楽《たの》しみたい！　カレンダーや手帳《てちょう》に印《しるし》をつけて準備《じゅんび》を進《すす》めておこう。当日《とうじつ》では間《ま》に合《あ》わないこともあるから、計画《けいかく》を立《た》てておくと安心《あんしん》だよ。

推《お》しの誕生日《たんじょうび》の祝《いわ》い方《かた》

特別《とくべつ》な写真《しゃしん》を撮《と》る

祭壇《さいだん》(推《お》しのグッズを並《なら》べたコーナー)に誕生日《たんじょうび》のかざりつけをする、推《お》しケーキを用意《ようい》するなど、誕生日《たんじょうび》にしか撮《と》れない写真《しゃしん》を撮影《さつえい》しよう。

お祝《いわ》いごはんを食《た》べる

推《お》し色《いろ》のスイーツや、推《お》しが大好《だいす》きなものを食《た》べるのもお祝《いわ》いになるよ。推《お》しグッズといっしょに特別《とくべつ》なパーティータイムを楽《たの》しんで。

推《お》しへの手紙《てがみ》を書《か》く

推《お》しへの愛《あい》と感謝《かんしゃ》の気持《きも》ちを手紙《てがみ》にしてみよう。書《か》いた手紙《てがみ》はファンレターとして実際《じっさい》に送《おく》ってもいいね(→124ページ)。

友《とも》だちとお祝《いわ》いする

友《とも》だちといっしょにお祝《いわ》いすれば楽《たの》しさもさらにアップ。推《お》しの作品《さくひん》を見《み》たり、曲《きょく》を聞《き》いたりするのもおすすめ。プレゼント交換《こうかん》も楽《たの》しそう！

STEP 05

推《お》しをイメージしたファッションを楽《たの》しむ

大好《だいす》きな推《お》しに少《すこ》しでも近《ちか》づきたい♡　そんな願《ねが》いを気軽《きがる》にかなえられるのがファッションだよ。上手《じょうず》にイメージをとり入《い》れよう！

ミミちゃんのファッション、
いつもかわいいんだよね～！
服《ふく》もメイクもあこがれるな～♡

それでは、マネしてみるのは
どうですか？

うーん……
でもあんなおしゃれな服着《ふくき》こなせないよ……

まったく同《おな》じ服《ふく》を着《き》なくても
いいんですよ！

推《お》しイメージのファッションって？

まずはじっくり観察《かんさつ》

推《お》しの写真《しゃしん》や画像《がぞう》をよく観察《かんさつ》してみよう。服《ふく》の色《いろ》や形《かたち》、小物《こもの》づかい、髪型《かみがた》やメイクなどをじっくり見《み》て、推《お》しのイメージをふくらませてね。それを自分《じぶん》のファッションにとり入《い》れてみよう。

推《お》しがキャラクターでも、
体《からだ》の色《いろ》とかに注目《ちゅうもく》するの！

バウンドコーデからはじめてみよう

バウンドコーデとは、推《お》しの特徴《とくちょう》をヒントにした、ふだんから着《き》られるおしゃれなコーディネートのこと。さりげなくかんたんに推《お》し活《かつ》できるのがいいところだよ。

アニメのキャラクターなど、人間《にんげん》以外《いがい》の推《お》しでももちろんOK！

一部分《いちぶぶん》にとり入《い》れる

推《お》しがいつも着《つ》けているものはあるかな？　たとえばネクタイや帽子《ぼうし》、服《ふく》の柄《がら》など。アイテムをひとつとり入《い》れるだけで推《お》しを感《かん》じられるよ！

小物《こもの》でもOK！

推《お》しカラーのヘアアクセや靴下《くつした》など、小物《こもの》をとり入《い》れるだけでもバウンドコーデになるよ♪　これなら新《あたら》しい服《ふく》を買《か》わなくてもいいし、学校《がっこう》の決《き》まりの中《なか》でできそうだね。

全《ぜん》身《しん》コーデにチャレンジ

推《お》しのコーデをマネしたい！
できるだけ持《も》っている服《ふく》を使《つか》って
アレンジしてみよう

推《お》しのこんなコーデを…

全身《ぜんしん》コーデに！

いつも結《むす》んでいる髪《かみ》をおろしてゆるく巻《ま》いたよ！

Tシャツの上《うえ》に似《に》た色《いろ》のビスチェを重《かさ》ねてみた！

ロングブーツがなかったので、長《なが》めのソックスを合《あ》わせてみた！

ピンクのスカートをマネしたくて、もともと持《も》っていたミニスカートをはいたよ

お金《かね》をかけすぎず、できるところからマネしてみましょう！

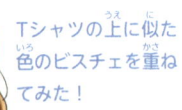

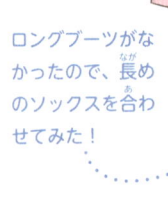

推《お》しの髪型《かみがた》をマネしよう

推《お》しと同《おな》じ髪色《かみいろ》にするのは難《むずか》しくても、髪型《かみがた》をマネすれば推《お》しに近《ちか》づけるよ！　たとえばツインテールなら、結《むす》ぶ位《い》置《ち》を推《お》しとそろえてみよう。おろした髪型《かみがた》なら、分《わ》け目《め》の位置《いち》をマネしてみよう！

前髪《まえがみ》

推《お》しと髪《かみ》の長《なが》さがちがっていても、前髪《まえがみ》をマネすれば似《に》たイメージになれるかも。

おろしたいとき

濡《ぬ》れた状態《じょうたい》で前髪《まえがみ》をおろしてね。指《ゆび》の腹《はら》を左右《さゆう》に動《うご》かしながらドライヤーで乾《かわ》かすと、自然《しぜん》なおろし前髪《まえがみ》に。

分《わ》けたいとき

前髪《まえがみ》をカーラーで内側《うちがわ》に巻《ま》くよ。ドライヤーを５秒《びょう》ほど当《あ》ててカーラーを外《はず》すと、ふんわり分《わ》けられる！

かんたん巻《ま》き髪《がみ》

推《お》しの巻《ま》き髪《がみ》をマネしたい人《ひと》に、ゴムだけでできるかんたん巻《ま》き髪《がみ》の方法《ほうほう》を伝授《でんじゅ》！

髪《かみ》を２つに分《わ》け、人差《ひとさ》し指《ゆび》にくるくると巻《ま》いていくよ。

根元《ねもと》まで巻《ま》いたら、巻《ま》きを崩《くず》さないように指《ゆび》を外《はず》してゴムでまとめよう。

もう片方《かたほう》も同様《どうよう》にゴムで固定《こてい》して、そのまま一《ひと》晩寝《ばんね》るか、ドライヤーの風《かぜ》を当《あ》てよう。

メイクでさらに推《お》しに近《ちか》づこう！

推《お》しはどんなメイクをしているかな？　なりたい写真《しゃしん》を見《み》てマネしてみるのもいいね。学校《がっこう》がお休《やす》みの日《ひ》にするなど、ルールは守《まも》ろう。

アイシャドウの塗《ぬ》り方《かた》

推《お》しのイメージカラーに合《あ》わせるのも◎

赤《あか》・黄《き》・オレンジ・ピンクはグラデーションに

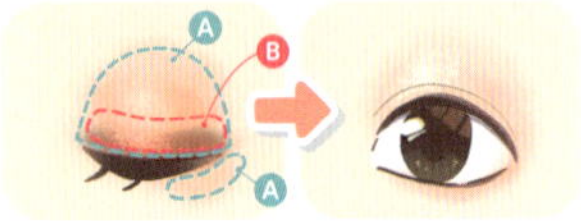

Ⓐ上下《じょうげ》のまぶたに薄《うす》い色《いろ》をのせる。

Ⓑ目《め》のキワに濃《こ》い色《いろ》をのせる。

青《あお》・緑《みどり》・むらさきはポイントで使《つか》う

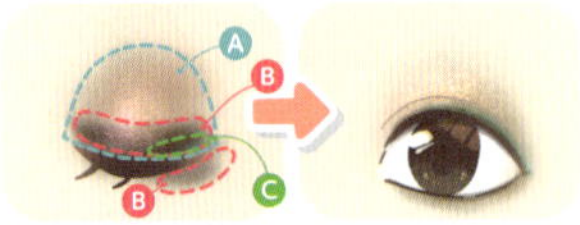

Ⓐ上《うわ》まぶたに明《あか》るいブラウンをのせる。

Ⓑブラウンまたはグレーを上下《じょうげ》のまぶたに細《ほそ》めにのせる。

Ⓒ目《め》のキワに塗《ぬ》りたい色《いろ》をのせる。

アイライン

顔《かお》の印象《いんしょう》を左右《さゆう》するアイライン。推《お》しの目《め》の形《かたち》に寄《よ》せてアイラインを引《ひ》いてみよう。

タレ目《め》

上《うわ》まぶたのラインと同《おな》じ方向《ほうこう》に少《すこ》し下《さ》げて引《ひ》く。

平行《へいこう》

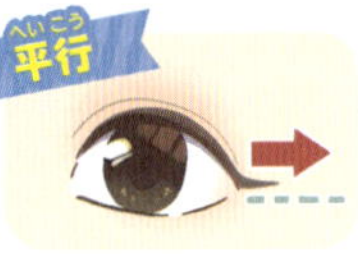

まぶたの端《はし》から横《よこ》にまっすぐ平行《へいこう》に引《ひ》く。

つり目《め》

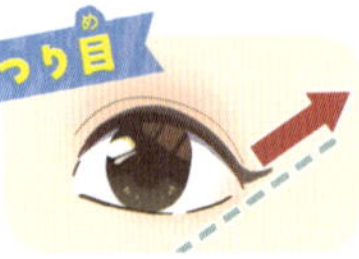

目尻《めじり》から少《すこ》しはねあげるように引《ひ》く。

チーク

チークの入《い》れる位置《いち》で雰囲気《ふんいき》を変《か》えてみよう！

かわいく

黒目《くろめ》の真下《ました》あたりからほお骨《ぼね》にかけて丸《まる》く入《い》れる。

クールに

ほお骨《ぼね》の高《たか》い位置《いち》からこめかみに向《む》かってななめに入《い》れる。

ダンスをコピーしよう

ファッションだけじゃなく、推《お》しのダンスも完《かん》コピしちゃおう。早《はや》く覚《おぼ》えるコツを伝授《でんじゅ》するよ！

①曲《きょく》を区切《くぎ》る

曲《きょく》をはじめから終《お》わりまで一気《いっき》に覚《おぼ》えるのではなく、「Aメロ」「Bメロ」「サビ」など、曲《きょく》の雰囲気《ふんいき》が変《か》わるところで分《わ》けて覚《おぼ》えるのがおすすめ。

②上半身《じょうはんしん》と下半身《かはんしん》を分《わ》ける

全身《ぜんしん》の動《うご》きをいきなりマネするのは大変《たいへん》。上半身《じょうはんしん》と下《か》半身《はんしん》に分《わ》けて練習《れんしゅう》してみよう。

③テンポを変《か》えたり左右《さゆう》を逆《ぎゃく》にする

動画《どうが》の左右《さゆう》を逆《ぎゃく》にしたり、スロー再生《さいせい》したりしながら、ゆっくり練習《れんしゅう》しよう。「反《はん》転《てん》ver.」「スローver.」などの練習動画《れんしゅうどうが》があがっていることもあるよ。

コツを押《お》さえて、何度《なんど》でも練習《れんしゅう》しよう！

POINT 動画《どうが》を撮《と》るときのポイント

三脚《さんきゃく》を用意《ようい》する

自分《じぶん》が踊《おど》っているダンス動画《どうが》を撮《と》るときは、安定感《あんていかん》があり、角度《かくど》を細《こま》かく調整《ちょうせい》できる三脚《さんきゃく》を使《つか》うのがおすすめ。

広《ひろ》めに映《うつ》す

動《うご》いているうちに画面《がめん》の外《そと》に出《で》てしまわないよう、少《すこ》し遠《とお》くから撮影《さつえい》しよう。

撮影《さつえい》してもいい場所《ばしょ》か確認《かくにん》してから動画《どうが》を撮《と》ろう！

STEP 06 コラボイベントに行《い》く

いろいろなお店《みせ》やスポットで開催《かいさい》されるコラボイベント※。いつもとはちがうビジュアルの推《お》しが見《み》られるかも！

いろいろな推《お》しイベントの種《しゅ》類《るい》

コラボカフェ

キャラクターをイメージした料理《りょうり》やドリンクが楽《たの》しめるよ。食《た》べる前《まえ》に写真《しゃしん》を撮《と》るのを忘《わす》れずに。限定《げんてい》デザインのコースターやポストカードなどもゲットできるかも！

コンビニコラボ

全国《ぜんこく》で開催《かいさい》されるから参加《さんか》しやすい！限定《げんてい》パッケージの商品《しょうひん》が販売《はんばい》されたり、商品《しょうひん》を買《か》うとクリアファイルや缶《かん》バッジがもらえたりするよ。

街中《まちなか》・テーマパーク

駅《えき》や街中《まちなか》のディスプレイで、推《お》しのビジュアルが大画面《だいがめん》で見《み》られることがあるよ。テーマパークとのコラボでは、撮影用《さつえいよう》の等身大《とうしんだい》パネルが置《お》かれていることも！

※アイドルやキャラクターなどが、企業《きぎょう》やお店《みせ》といっしょに特別《とくべつ》なグッズの販売《はんばい》やイベントをすること

いろいろなコラボがあるんだね～
コンビニコラボとか、
気軽《きがる》に行《い》けそうで気《き》になる！

見逃《みのが》さないように推《お》しのSNSや
公式《こうしき》サイトをチェックしよう！
ところで、「聖地巡礼《せいちじゅんれい》」って知《し》ってる？

え、知《し》らない……！
「聖地《せいち》」って何《なに》？

聖地巡礼《せいちじゅんれい》しよう

推《お》し活《かつ》でいう「聖地《せいち》」とは、作品《さくひん》の舞台《ぶたい》になった場所《ばしょ》やロケ地《ち》、ゆかりのある施設《しせつ》など、推《お》しに関係《かんけい》する大切《たいせつ》な場所《ばしょ》のこと。その場所《ばしょ》に実際《じっさい》に行《い》くことを「聖《せい》地巡礼《ちじゅんれい》」と言《い》うよ。推《お》しと同《おな》じ景色《けしき》を見《み》られるなんてワクワクするよね！　行《い》くときは家《いえ》の人《ひと》に相談《そうだん》して、しっかり計画《けいかく》を立《た》ててから行《い》こう。

推《お》しからのメッセージ

わたしの作品《さくひん》に関《かん》する場所《ばしょ》を訪《おとず》れてくれることはうれしい。でも、大声《おおごえ》を出《だ》したり、危《あぶ》ない場所《ばしょ》で写真《しゃしん》を撮《と》ったり、ほかの人《ひと》の迷惑《めいわく》になることはやめてね

推《お》しに会《あ》える ドキドキ時間《じかん》♡

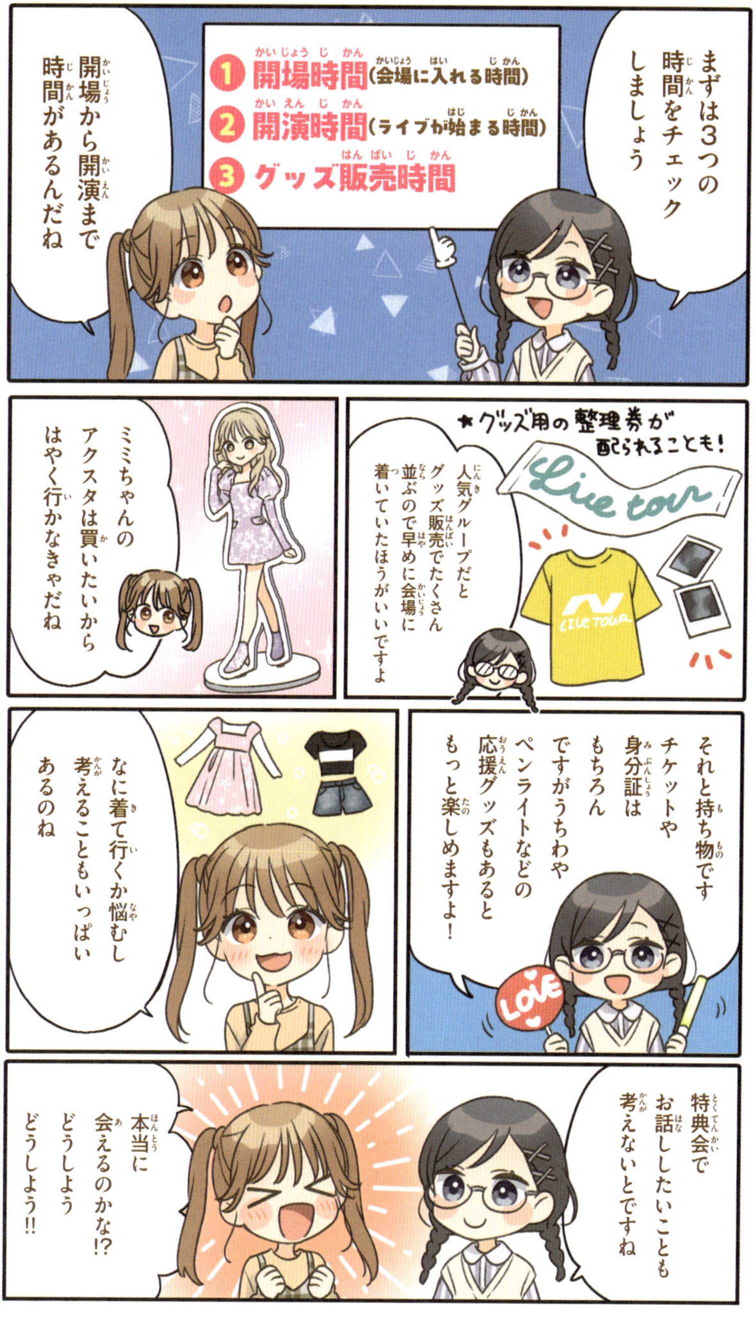

まずは3つの時間《じかん》をチェックしましょう
1 開場時間《かいじょうじかん》(会場《かいじょう》に入《はい》れる時間《じかん》)
2 開演時間《かいえんじかん》(ライブが始《はじ》まる時間《じかん》)
3 グッズ販売時間《はんばいじかん》
開場《かいじょう》から開演《かいえん》まで時間《じかん》があるんだね
★グッズ用の整理券が配られることも!
Live tour
LIVE TOUR
人気《にんき》グループだとグッズ販売《はんばい》でたくさん並《なら》ぶので早《はや》めに会場《かいじょう》に着《つ》いていたほうがいいですよ
ミミちゃんのアクスタは買《か》いたいからはやく行《い》かなきゃだね
それと持《も》ち物《もの》ですチケットや身分証《みぶんしょう》はもちろんですがうちわやペンライトなどの応援《おうえん》グッズもあるともっと楽《たの》しめますよ!
LOVE
なに着《き》て行《い》くか悩《なや》むし考《かんが》えることもいっぱいあるのね
特典会《とくてんかい》でお話《はな》ししたいことも考《かんが》えないとですね
本当《ほんとう》に会《あ》えるのかな!?どうしようどうしよう!!

STEP 07

現場《げんば》に行《い》く

推《お》しと実際《じっさい》に会《あ》える……そんな夢《ゆめ》のような場所《ばしょ》を「現場《げんば》」と言《い》うよ。
ライブやイベントなど、いろいろな現場《げんば》があるんだ。

推《お》しに会《あ》えるってことは、
推《お》しと同《おな》じ空気《くうき》が吸《す》えるってこと……？
どんな場所《ばしょ》があるのかな？

現場《げんば》ってどんなものがあるの？

ライブ

推《お》しが歌《うた》やダンスを生《なま》で披露《ひろう》するイベント。コンサートと呼《よ》ぶこともあるよ。何万人《なんまんにん》も入《はい》るドームから小《ちい》さなライブハウスまで、いろいろな場所《ばしょ》で行《おこな》われるよ。

舞台《ぶたい》・ミュージカル

劇場《げきじょう》でやるお芝居《しばい》のこと。アニメやゲームなどの2.5次元《じげん》舞台《ぶたい》※や、声優《せいゆう》が出演《しゅつえん》する朗《ろう》読劇《どくげき》、ミュージカルなど、さまざまだよ。

試写会《ししゃかい》・舞台挨拶《ぶたいあいさつ》

推《お》しが映画《えいが》に出《で》るなら、試写《ししゃ》会《かい》や舞台挨拶《ぶたいあいさつ》などのイベントがないかチェックしよう。どのキャストが登場《とうじょう》するか事前《じぜん》にわからないこともあるよ。

握手会《あくしゅかい》

推《お》しと握手《あくしゅ》できるイベント。当選《とうせん》したら、プレゼントや撮《さつ》影《えい》などについての禁止事項《きんしじこう》を確認《かくにん》しよう。推《お》しと話《はな》せる時《じ》間《かん》は短《みじか》いから、伝《つた》えたいことを考《かんが》えておくといいよ。

チェキ会《かい》

推《お》しといっしょにチェキ(インスタントカメラ)で撮影《さつえい》できるイベント。撮影《さつえい》したチェキ写真《しゃしん》にサインをもらえることもあるよ。推《お》しとのツーショット写真《しゃしん》が形《かたち》に残《のこ》る！

お渡《わた》し会《かい》・サイン会《かい》

推《お》しがCDや本《ほん》を発売《はつばい》するときに、直接手渡《ちょくせつてわた》しで受《う》けとれるイベント。サインを書《か》いてくれるイベントも。自分《じぶん》の名《な》前《まえ》の名札《なふだ》をつけていると、推《お》しが呼《よ》んでくれるかも……？

※アニメやゲームなどの2次元作品《じげんさくひん》を3次元《じげん》の舞台《ぶたい》で再現《さいげん》すること

現場《げんば》を楽《たの》しむために

会場《かいじょう》でのマナーを守《まも》る

会場《かいじょう》でのマナーを事前《じぜん》にチェック。スマートフォンは電源《でんげん》を切《き》るか機内《きない》モードにして、音《おと》が出《で》ないようにしよう。公演中《こうえんちゅう》におしゃべりするのもダメだよ。ほかのファンだけでなく、推《お》し本人《ほんにん》にも迷惑《めいわく》がかかってしまうから気《き》をつけよう。

推《お》しを目《め》に焼《や》きつける

推《お》しと同《おな》じ空間《くうかん》にいるその瞬間《しゅんかん》を思《おも》う存分楽《ぞんぶんたの》しもう！　公演《こうえん》のルールを確認《かくにん》してから、拍手《はくしゅ》やペンライトなどで会場《かいじょう》を盛《も》りあげよう。座席《ざせき》がステージから遠《とお》い場合《ばあい》は、双眼鏡《そうがんきょう》やオペラグラスを持《も》っていくのがおすすめ。

くじけないで！　落選《らくせん》しても楽《たの》しめる！

人気《にんき》のある推《お》しだと、なかなかイベントの抽選《ちゅうせん》が当《あ》たらないよね。そんなときは落《お》ち込《こ》みすぎず、次《つぎ》の機会《きかい》を待《ま》とう。イベントがオンライン配信《はいしん》されることもあるから、リアルタイムで会場《かいじょう》のようすを見《み》ることができるかも！

オンライン配信《はいしん》を友《とも》だちといっしょに見《み》るのも楽《たの》しいですよ！
次《つぎ》は会場《かいじょう》で会《あ》えますように……♪

STEP 08

ライブの準備《じゅんび》をする

ライブのチケットに当選《とうせん》したら、さっそく準備《じゅんび》をはじめよう。
ひとつ準備《じゅんび》をするたびに、ワクワク感《かん》もアップしていくよ！

時間《じかん》とか服装《ふくそう》とか、考《かんが》えることがいっぱいだよ！ どうしよう～

落《お》ち着《つ》きましょう！ ライブまでの準備《じゅんび》を楽《たの》しむのも推《お》し活《かつ》ですよ！

当日《とうじつ》に必要《ひつよう》なものを確認《かくにん》しよう

会場《かいじょう》までの行《い》き方《かた》や持《も》ち物《もの》をチェック。友《とも》だちと行《い》くときは、待《ま》ち合《あ》わせ場所《ばしょ》をしっかり確認《かくにん》してね。ライブが終《お》わったら家《いえ》の人《ひと》に連絡《れんらく》するなど、前《まえ》もって当日《とうじつ》の流《なが》れを話《はな》しておこう。

チケット

まずは、チケット代《だい》の支払《しはら》い期限《きげん》を確認《かくにん》。その時間《じかん》までに支払《しはら》いできないとチケットが無効《むこう》になってしまうよ。スマートフォンで受《う》け取《と》る電子《でんし》チケットの場合《ばあい》は、メールアドレスやパスワードも忘《わす》れないようにしよう。

身分証《みぶんしょう》

ライブによっては、入場《にゅうじょう》するときに顔写真《かおじゃしん》つきの身分証明《みぶんしょうめい》書《しょ》(マイナンバーカードやパスポートなど)が必要《ひつよう》なこともあるよ。事前《じぜん》に確認《かくにん》して準《じゅん》備《び》しておこう。忘《わす》れると入《はい》れないから注意《ちゅうい》してね！

グッズ

当日《とうじつ》、グッズ販売《はんばい》があるかをチェック。グッズを買《か》う場合《ばあい》は列《れつ》に並《なら》ぶこともあるから、会場《かいじょう》に早《はや》く着《つ》いたほうがよさそう。手《て》づくりグッズを持《も》っていきたい場合《ばあい》は、禁止《きんし》されていないか確認《かくにん》しよう。

当日《とうじつ》のファッションを考《かんが》えよう

ドレスコードがあることも

ライブの数日前《すうじつまえ》に公式《こうしき》から「黒《くろ》」「水色《みずいろ》」など、ドレスコードが発表《はっぴょう》されることも。その色《いろ》の服《ふく》じゃなくても入《はい》れるけど、ワンポイントでもとり入《い》れると一体感《いったいかん》を感《かん》じられるよ。屋外《おくがい》や立《た》って見《み》るライブの場合《ばあい》は、はき慣《な》れた靴《くつ》がおすすめ。

推《お》しグッズもいっしょに

ぬいぐるみやキーホルダーなど、よく使《つか》っているグッズはぜひ会場《かいじょう》に持《も》って行《い》こう！　大事《だいじ》なものだから、なくさないように気《き》をつけて。手《て》づくりの推《お》しグッズだと、特別感《とくべつかん》があってワクワクするね。

POINT

うしろの人《ひと》の視界《しかい》をじゃましない

おだんごヘアや大《おお》きな髪《かみ》かざりはうしろの人《ひと》のじゃまになるかも。会場《かいじょう》では帽子《ぼうし》も脱《ぬ》ごう。

公式《こうしき》からのお知《し》らせを確認《かくにん》しよう

ファンクラブや事務所《じむしょ》など、公式《こうしき》からサプライズ企画《きかく》のお知《し》らせがある可能性《かのうせい》も。「この曲《きょく》が流《なが》れてきたら、ペンライトを白《しろ》に光《ひか》らせましょう」「当日《とうじつ》モニターに映《うつ》し出《だ》すメッセージを募集《ぼしゅう》」など。こまめに公式《こうしき》サイトやSNS、メールをチェックしてね。

ファンクラブに入《はい》っている人《ひと》は、
限定《げんてい》の来場者《らいじょうしゃ》プレゼントがあることも。
うっかり忘《わす》れないようにしてくださいね！

STEP 09

ライブを楽《たの》しむ

ライブの準備《じゅんび》はOKかな？
うちわとペンライトを用意《ようい》して、思《おも》いっきり楽《たの》しもう！

いよいよ推《お》しのライブが近《ちか》づいてきた！
全力《ぜんりょく》で楽《たの》しみたいな〜！

うちわやペンライトを用意《ようい》して、
かけ声《ごえ》も確認《かくにん》しておきましょう！

ライブを全力《ぜんりょく》で楽《たの》しむために 前日《ぜんじつ》までに確認《かくにん》すること

お決《き》まりのかけ声《ごえ》

ライブ中《ちゅう》、推《お》しの呼《よ》びかけにファンがかけ声《ごえ》などで応《こた》えるお決《き》まりのやりとりがあることも。かけ声練習動画《ごえれんしゅうどうが》があがっていればチェックしておこう。最初《さいしょ》はまわりに合《あ》わせるだけでも大丈夫《だいじょうぶ》だよ。

曲《きょく》を予習《よしゅう》

推《お》しの曲《きょく》をよく聞《き》き込《こ》んでおこう。知《し》っている曲《きょく》だともっと盛《も》りあがれるよね。ライブの途中《とちゅう》で推《お》しがファンにマイクを向《む》けて、みんなで歌《うた》うこともあるよ。

うちわやペンライトの持《も》ち込《こ》みルール

公式《こうしき》のうちわやペンライト以外《いがい》持《も》ち込《こ》めないことや、サイズが決《き》められていることもあるよ。持《も》ち込《こ》みできるなら、さっそくデコって(かざりつけて)みよう。

うちわやペンライトのデコり方《かた》

うちわには、推《お》しの名前《なまえ》や推《お》しへのメッセージを大《おお》きく短《みじ》かめに書《か》いて、パッと読《よ》めるようにしよう。

うちわの文字《もじ》は黒地《くろじ》に蛍光《けいこう》色《しょく》が目立《めだ》つよ。漢字《かんじ》よりひらがなが読《よ》みやすい！

うちわ

POINT

ほかの人《ひと》のじゃまをしない

うちわを高《たか》くあげると、うしろの人《ひと》のじゃまをしてしまうよ。持《も》つのは胸《むね》の位置《いち》で。

アイドルやミュージシャンは公式《こうしき》グッズとしてペンライトがあることも多《おお》いよ。市販《しはん》のものも、スティック型《がた》やハート型《がた》などいろいろあるよ。

文字《もじ》や画像《がぞう》などのシートを用意《ようい》して、ラミネートフィルムで貼《は》って推《お》しアピール！

推《お》し色《いろ》のリボンや推《お》しのキャラクターのかざりをつけて、自分《じぶん》だけのペンライトに！

ペンライト

POINT

持《も》ち込《こ》む前《まえ》に確認《かくにん》しよう

明《あか》るすぎるペンライトや複数《ふくすう》持《も》ちが禁止《きんし》されている場合《ばあい》もあるからチェックしておこう。

STEP 10

イベント・特典会《とくてんかい》に参加《さんか》する

ライブより近《ちか》くで推《お》しと会《あ》えるかもしれないイベントや特典会《とくてんかい》。直接《ちょくせつ》お話《はなし》ができちゃうことも……♡

ライブ前《まえ》に特典会《とくてんかい》があるみたい！
ミミちゃんと話《はな》せるってこと!?

だれでも参加《さんか》できるものではないことが多《おお》いので、ルールを確認《かくにん》しましょう

いろいろな形《かたち》のイベントがある

推《お》しに会《あ》えるイベントには、いろいろな種類《しゅるい》があるよ！

お見送《みおく》り

ライブや舞台《ぶたい》が終《お》わって会場《かいじょう》から出《で》る前《まえ》に、推《お》しがファンを見送《みおく》ってくれること。一瞬《いっしゅん》だけど、感想《かんそう》を伝《つた》えられることも。

ファンミーティング

略《りゃく》して「ファンミ」とも呼《よ》ばれるよ。ファンとの交流《こうりゅう》がメインで、トークが多《おお》め。推《お》しのふだんの姿《すがた》が見《み》られるかも。

特典会《とくてんかい》

握手会《あくしゅかい》やサイン会《かい》、チェキ会《かい》、お渡《わた》し会《かい》などのこと。短《みじか》い時間《じかん》だけど1対《たい》1で話《はな》したり、握手《あくしゅ》したりできる！

オンラインイベント

オンラインで推《お》しとファンが交流《こうりゅう》するイベント。直接《ちょくせつ》会《あ》えるイベントではないけれど、家《いえ》にいながら推《お》しと話《はな》せる！

イベントはすごく楽《たの》しいけど、
注意《ちゅうい》することもあるよ。マナーを確認《かくにん》しよう！

イベントを楽《たの》しむために気《き》をつけたいこと

推《お》しと会《あ》えるうれしさのあまり、まわりが見《み》えなくなってしまう人《ひと》もいるみたい。推《お》しやほかのファンに迷惑《めいわく》をかけないようにしよう。

周《まわ》りへの配慮《はいりょ》が大切《たいせつ》

遅刻《ちこく》をすると中《なか》に入《はい》れなくなってしまうこともあるから、時間《じかん》には余裕《よゆう》を持《も》って出《で》かけよう。大声《おおごえ》を出《だ》したり、スタッフの指示《しじ》に従《したが》わなかったりすると、次《つぎ》から入《はい》れなくなることも。

お渡《わた》し会《かい》や握手会《あくしゅかい》で近《ちか》づきすぎない

お渡《わた》し会《かい》や握手会《あくしゅかい》は、推《お》しと触《ふ》れ合《あ》えるというスペシャルなイベント。だけど、必要以上《ひつよういじょう》にベタベタ触《さわ》ったり、長《ちょう》時間《じかん》手《て》を握《にぎ》ったりするのはやめよう。推《お》しもこまってしまうよ。

体調管理《たいちょうかんり》をしっかりと

イベント前《まえ》は体調管理《たいちょうかんり》をしっかりしよう。当日《とうじつ》、もしも体調《たいちょう》が悪《わる》かったら、残念《ざんねん》だけど行《い》くのはやめようね。推《お》しやほかの人《ひと》にうつしてしまう可能性《かのうせい》があるよ。次《つぎ》の機会《きかい》を待《ま》とう。

話《はな》したいことは整理《せいり》しておく

話《はな》したいことがたくさんあっても、思《おも》っているより時間《じかん》は短《みじか》いし、緊張《きんちょう》してうまく話《はな》せないことはよくあることだよ。どうしても伝《つた》えたいことを決《き》めておこう。

イベントによってルールがちがうから、
毎回《まいかい》しっかり確認《かくにん》しなきゃだね！

推《お》し活《かつ》Q&A

Q グッズが増《ふ》えすぎてかざれなくなっちゃった!

A グッズ集《あつ》めのルールを決《き》めておこう

「グッズはこの箱《はこ》に入《はい》る分《ぶん》しか買《か》わない」など、グッズを集《あつ》めるときのルールを決《き》めておこう！　箱《はこ》からはみ出《だ》してしまったり、どうしてもほしいグッズがあるときは、使《つか》っていないグッズを友《とも》だちにゆずったり、中古《ちゅうこ》グッズ販売店《はんばいてん》に買《か》い取《と》ってもらったりするのがおすすめよ。

Q ライブって背《せ》が低《ひく》くても楽《たの》しめるのかな?

A 段差《だんさ》のあるスタンド席《せき》を選《えら》ぶのもアリ

席《せき》の種類《しゅるい》が選《えら》べるときは、アリーナ席《せき》ではなく段差《だんさ》のあるスタンド席《せき》を選《えら》ぶのもアリだよ。会場《かいじょう》によっては座席《ざせき》を高《たか》くするクッションを貸《か》し出《だ》しているところもあるんだ。肩車《かたぐるま》をしてもらったり、踏《ふ》み台《だい》を使《つか》ったりすると、うしろの人《ひと》の迷惑《めいわく》になるからやめよう。

Q ライブでなかなかファンサがもらえない……

A 伝《つた》わりやすいうちわをつくってみよう！

ファンサ（ファンサービス）をしてもらえるかどうかは運《うん》しだい！　だけど、気《き》づいてもらう可能性《かのうせい》をあげるなら、目立《めだ》つ色味《いろみ》で気持《きも》ちが伝《つた》わるうちわをつくってみよう。黒《くろ》×黄色《きいろ》の組《く》み合《あ》わせがおすすめ。ほしいファンサを具体的《ぐたいてき》に書《か》くと、推《お》しが注目《ちゅうもく》してくれてファンサがもらえるかも!?

Q 推《お》しのようなビジュアルになりたい!

A 無理《むり》なダイエットはさけよう

栄養《えいよう》バランスに気《き》をつけたり、運《うん》動《どう》したり、スキンケアを心《こころ》がけたり……。自分磨《じぶんみが》きはとてもステキなことだよね。でも、食事《しょくじ》の量《りょう》を極端《きょくたん》に減《へ》らすような無理《むり》なダイエットはしないで。心《こころ》も体《からだ》も健康《けんこう》であってこそ、楽《たの》しく推《お》し活《かつ》ができるんだよ。

STAGE 5

お金《かね》と時《じ》間《かん》どう使《つか》う？

推《お》し活《かつ》をしていると、ついお金《かね》や時《じ》間《かん》を使《つか》いすぎてしまうかも。そんなときは、一度《いちど》使《つか》い方《かた》をふりかえってみよう。むりなく続《つづ》けられるコツを紹介《しょうかい》するよ。

またメロちゃんの
グッズ買《か》ってもらったの?
そうなの!
いいでしょ〜!
……って
自慢《じまん》されちゃったの
メイちゃんは
いいね
ふだん使《つか》うものと
コラボしてるから
買《か》ってもらいやすいんだね
アンナちゃんもグッズ
いっぱい持《も》ってたし
ユウカちゃんもお母《かあ》さんが
グッズ買《か》ってくれるし
いいなぁ
もちろんグッズが
すべてじゃないけど
NBOYSは
そもそも
グッズ少《すく》ないもんね

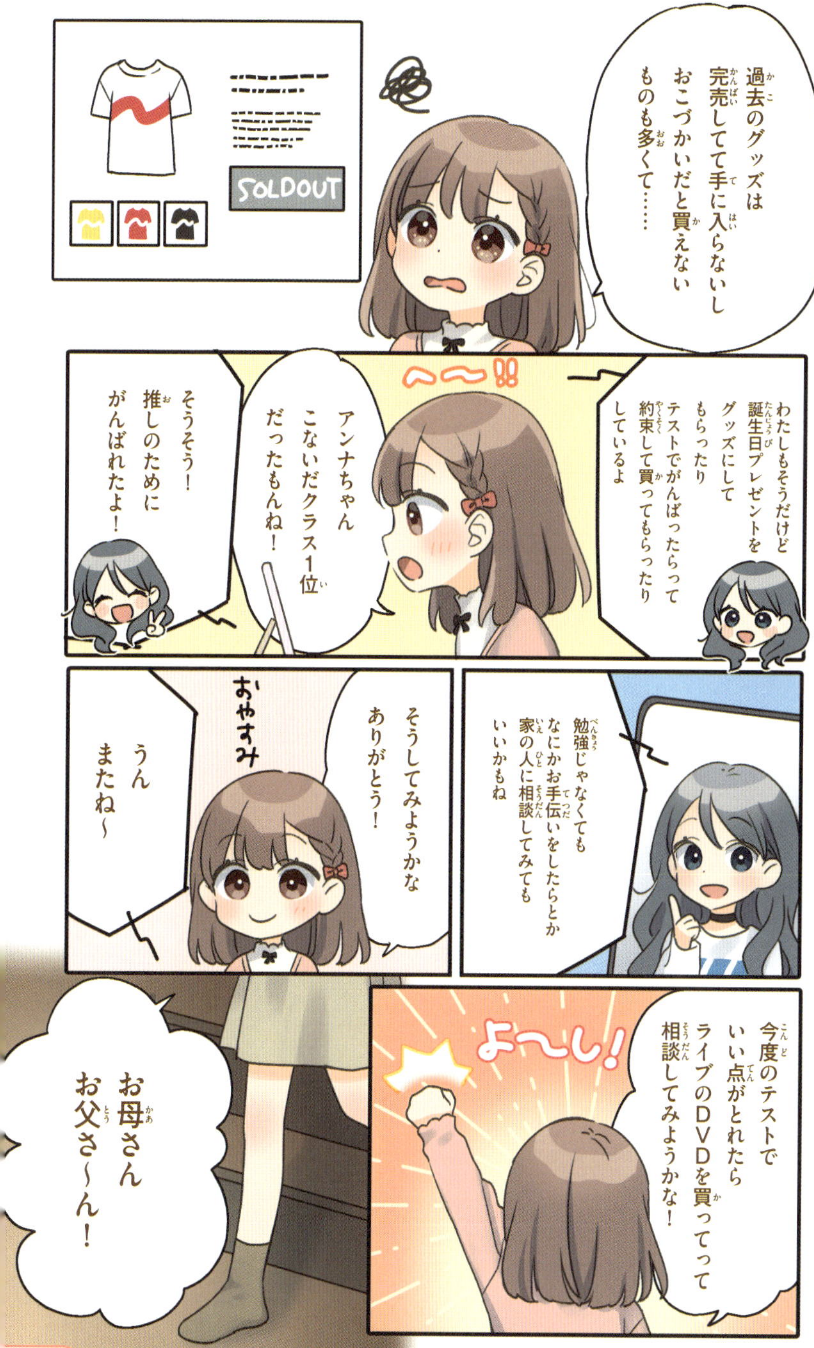
SOLDOUT
過去《かこ》のグッズは完売《かんばい》してて手《て》に入《はい》らないしおこづかいだと買《か》えないものも多《おお》くて……
わたしもそうだけど誕生日《たんじょうび》プレゼントをグッズにしてもらったりテストでがんばったらって約束《やくそく》して買《か》ってもらったりしているよ
へ〜!!
アンナちゃんこないだクラス1位《い》だったもんね!
そうそう!推《お》しのためにがんばれたよ!
勉強《べんきょう》じゃなくてもなにかお手伝《てつだ》いをしたらとか家《いえ》の人《ひと》に相談《そうだん》してみてもいいかもね
そうしてみようかなありがとう!
おやすみ
うんまたね〜
今度《こんど》のテストでいい点《てん》がとれたらライブのDVDを買《か》ってって相談《そうだん》してみようかな!
よ〜し!
お母《かあ》さんお父《とう》さ〜ん!

STEP 01

推《お》し活《かつ》のためのお金《かね》の使《つか》い方《かた》

グッズやライブ、コラボイベント……。推《お》し活《かつ》をできるだけ楽《たの》しむために、上手《じょうず》なお金《かね》の使《つか》い方《かた》を考《かんが》えよう！

はぁ……。今月《こんげつ》のおこづかいもうなくなっちゃった！
新《あたら》しいグッズがほしいけど、
いつも足《た》りなくなっちゃうんだよね

もらえるお金《かね》と使《つか》うお金《かね》を把握《はあく》しよう

おこづかいのもらい方《かた》

おこづかいのもらい方《かた》は、家庭《かてい》によっていろいろ。それぞれいいところとこまるところがあるよ。家《いえ》のルールに合《あ》わせて、お金《かね》の使《つか》い方《かた》を考《かんが》えてみよう。

定額制《ていがくせい》

毎月《まいつき》または毎週《まいしゅう》、決《き》まった金《きん》額《がく》をもらうスタイル。決《き》まったお金《かね》が入《はい》るから計画《けいかく》を立《た》てやすいよ。でも、推《お》し活《かつ》のお金《かね》を追加《ついか》でほしくても、なかなか増《ふ》やせないという一面《いちめん》も。

お手伝《てつだ》い制《せい》

家《いえ》のお手伝《てつだ》いをするとおこづかいがもらえるスタイル。家庭《かてい》によっては勉強《べんきょう》の成果《せいか》などでおこづかいがもらえることも。がんばるとおこづかいを増《ふ》やせるけど、少《すく》ないこともある。

申告制《しんこくせい》

必要《ひつよう》なお金《かね》をそのつど家《いえ》の人《ひと》に相談《そうだん》して、もらうスタイル。推《お》し活《かつ》について家族《かぞく》と共《きょう》有《ゆう》できるのがメリット。でも、毎回交渉《まいかいこうしょう》する必要《ひつよう》があるので、断《ことわ》られてしまうことも。

わたしは毎月《まいつき》1,500円《えん》の定額制《ていがくせい》です。
急《きゅう》に推《お》しの限定《げんてい》グッズが出《で》るときは
ママに相談《そうだん》していますよ

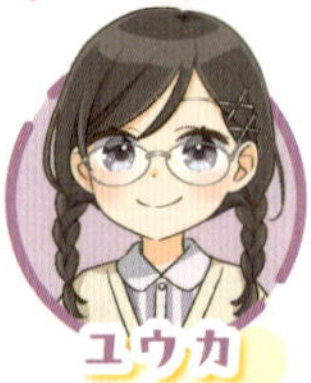

今《いま》のお金《かね》の使《つか》い方《かた》をふり返《かえ》る

もっとおこづかいがもらえたらって気持《きも》ちもわかるけど、限《かぎ》りあるお金《かね》でやりくりすることが大事《だいじ》だよ。今《いま》のお金《かね》の使《つか》い方《かた》にムダはないか、見直《みなお》してみよう。

文房具《ぶんぼうぐ》
マンガや本《ほん》
お菓子《かし》・ジュース
家族《かぞく》や友《とも》だちへのプレゼント
ゲーム・服《ふく》など

毎日《まいにち》のお菓子《かし》を買《か》いすぎちゃっていたかもしれません……。もう少《すこ》し買《か》う数《かず》を減《へ》らしてみます

ユウカ

必要《ひつよう》なお金《かね》を分《わ》けてから推《お》し活《かつ》に使《つか》おう！

推《お》し活《かつ》にお金《かね》を使《つか》いすぎて、気《き》づいたら友《とも》だちと遊《あそ》ぶためのお金《かね》が足《た》りない！　なんてことにならないように、おこづかいをもらったら使《つか》い道《みち》の計画《けいかく》を立《た》てよう。推《お》し活《かつ》以外《いがい》に使《つか》うお金《かね》をゼロにする必要《ひつよう》はないよ。友《とも》だちと遊《あそ》んだり、必要《ひつよう》なものを買《か》ったりするお金《かね》を分《わ》けてから、いくら推《お》し活《かつ》に使《つか》えるか考《かんが》えよう。

アンナ

友《とも》だちと遊《あそ》ぶお金《かね》、お菓子《かし》、推《お》し活《かつ》など、それぞれいくら必要《ひつよう》かを考《かんが》えよう！

POINT いざというときのための貯金《ちょきん》もしておこう

限定《げんてい》グッズの発売《はつばい》が発表《はっぴょう》された！　推《お》しのライブに当選《とうせん》した！　など、推《お》し活《かつ》は急《きゅう》にお金《かね》が必要《ひつよう》になることも多《おお》いよ。おこづかいは全部《ぜんぶ》使《つか》い切《き》らずに、少《すこ》しずつ貯金《ちょきん》しておこう。

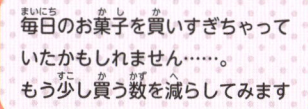

推《お》し活《かつ》でいつお金《かね》がかかるか
わかれば、もっと計画的《けいかくてき》に貯金《ちょきん》
できるのにな～。
なんとか予測《よそく》できないかな？

アンナ

お金《かね》のかかるタイミングを把握《はあく》しよう

公式《こうしき》のリリース情報《じょうほう》やイベント情報《じょうほう》をチェック

ニューアルバム
発売決定！
チェック！
20XX.1.23リリース！

推《お》し活《かつ》でお金《かね》のかかるタイミングを知《し》るために、公《こう》式《しき》サイトや本人《ほんにん》のSNSでのリリース情報《じょうほう》・イベント情報《じょうほう》をチェックしよう。CDやDVDの発売情報《はつばいじょうほう》やイベントの告知《こくち》があったら、まずはスケジュールを確認《かくにん》。買《か》いたい、行《い》きたいと思《おも》ったら、その日《ひ》を目《もく》標《ひょう》にお金《かね》を貯《た》める計画《けいかく》を立《た》てよう！

公式発表《こうしきはっぴょう》がなくても、過去《かこ》の情報《じょうほう》や
推《お》しのコメントなどから予測《よそく》する
こともできるんです！

ユウカ

過去《かこ》の情報《じょうほう》や推《お》しの記念日《きねんび》から予測《よそく》する

推《お》しが年《ねん》に何回《なんかい》くらいライブをしているか、どのくらいの周期《しゅうき》でCDやDVDを発売《はつばい》しているか、過去《かこ》の情《じょう》報《ほう》を調《しら》べてみると、お金《かね》が必要《ひつよう》なタイミングが予測《よそく》できるかも。また、推《お》しの誕生日《たんじょうび》や「デビュー５周年《しゅうねん》」などの記念《きねん》のタイミングでイベントが行《おこな》われることも多《おお》いよ。推《お》しの髪色《かみいろ》やSNSの更新《こうしん》ペースなど、変化《へんか》がないか見《み》ておこう。

5周年
アニバーサリー
イベント
もうすぐ
5周年《しゅうねん》イベントが
あるかも♥

どれくらいのお金《かね》がかかるか割《わ》り出《だ》す

グッズを買《か》ったりイベントに参加《さんか》したりするときは、いくらくらいお金《かね》がかかるのかな。よくある金額《きんがく》の例《れい》を紹介《しょうかい》するよ。

チケット代《だい》

ジャンルによってちがうけど、舞台《ぶたい》やライブのチケットは6,000〜15,000円《えん》くらい。席《せき》の場所《ばしょ》で値段《ねだん》が変《か》わることもあって、前《まえ》のほうの席《せき》だと20,000円《えん》を超《こ》えることもあるよ。

交通費《こうつうひ》

交通費《こうつうひ》は距離《きょり》や乗《の》り物《もの》によって変《か》わるよ。新幹線《しんかんせん》なら子《こ》ども料金《りょうきん》で片道《かたみち》7,500〜10,000円《えん》くらい。宿泊《しゅくはく》するなら、1泊《ぱく》5,000〜15,000円《えん》くらいのホテル代《だい》がかかるんだ。

新刊《しんかん》

写真集《しゃしんしゅう》などは2,000〜4,000円《えん》くらい、雑誌《ざっし》やマンガは500〜1,000円《えん》くらいが多《おお》いよ。通常版《つうじょうばん》とは別《べつ》に、特典《とくてん》がついて価格《かかく》も高《たか》い特別版《とくべつばん》が発売《はつばい》されることがあるよ。

グッズ代《だい》

グッズによってさまざま。タオルなら2,000〜3,000円《えん》、アクスタは1,500〜2,000円《えん》くらい。デザインがわかったら、何《なに》を買《か》うかじっくり考《かんが》えてみよう。

コラボカフェ

何《なに》を注文《ちゅうもん》するかで価格《かかく》も変《か》わってくるけど、ごはん代《だい》で1,500〜3,500円《えん》くらい。ドリンクも注文《ちゅうもん》すると、さらに高《たか》くなることも。カフェ限定《げんてい》のグッズが出《で》ることもあるよ。

CD・DVD

CDは2,000〜4,000円《えん》、DVDは5,000〜8,000円《えん》くらい。特典《とくてん》のついた限定盤《げんていばん》はさらに高《たか》いことが多《おお》いよ。握《あく》手会《しゅかい》などのイベントの応募券《おうぼけん》がついていることも！

こんなにいろいろあったら
お金《かね》がいくらあっても足《た》りないよ……

推《お》しのグッズは全部《ぜんぶ》ほしいし、
推《お》しのイベントは全部《ぜんぶ》行《い》きたいけど……。
全部《ぜんぶ》はむりだからちゃんと考《かんが》えなきゃ

参《さん》加《か》するイベントやほしいグッズを見《み》極《きわ》める

推《お》し活《かつ》を楽《たの》しむためにすべてのグッズを買《か》う必要《ひつよう》はないし、すべてのイベントに行《い》く必要《ひつよう》もないよ。限《かぎ》られたお金《かね》でも推《お》し活《かつ》はできるんだ。かけた金額《きんがく》より、推《お》しへの気持《きも》ちが大事《だいじ》だよ！

参《さん》加《か》したいイベントと ほしいグッズの優《ゆう》先《せん》順《じゅん》位《い》をつける

推《お》しのグッズやイベントで、絶《ぜっ》対《たい》にほしい、絶対《ぜったい》に行《い》きたいものはどれかな？　「全部《ぜんぶ》！」って気持《きも》ちもわかるけど、まずは優《ゆう》先順位《せんじゅんい》をつけてみよう。そうすると、どこにお金《かね》をかけたらいいのか見《み》えてくるよ。

どんな推《お》し活《かつ》で幸《しあわ》せを感《かん》じるか考《かんが》える

「身《み》につけられるグッズでいつでも推《お》しを感《かん》じたい」「ライブで推《お》しと同《おな》じ時間《じかん》をすごしたい」など、推《お》し活《かつ》をしているなかで自分《じぶん》が大事《だいじ》にしたい気持《きも》ちを考《かんが》えてみよう。自分《じぶん》がいちばん幸《しあわ》せを感《かん》じられるものにお金《かね》を使《つか》うのが、かしこいお金《かね》の使《つか》い方《かた》だよ！

ユウカ：推《お》しのグッズはどれも大事《だいじ》だけど、買《か》っただけで満足《まんぞく》して全然使《ぜんぜんつか》っていないグッズもありますね……

チヒロ：心《こころ》から買《か》ってよかったと思《おも》えるものにお金《かね》を使《つか》っていきたいね

リセールサービスを活用《かつよう》する

リセールサービスでチケットを手《て》にいれる

ライブのチケットが外《はず》れてしまっても、まだあきらめないで。チケットを売《う》りたい人《ひと》と買《か》いたい人《ひと》をつなぐリセールサービスを公式《こうしき》が提供《ていきょう》していることがあるよ。チケットガイドをよく確認《かくにん》してみよう。

売《う》りたい人《ひと》
買《か》いたい人《ひと》
どうしても行《い》けなくなった
リセールアプリ
チケット落選《らくせん》した

フリマアプリや中古《ちゅうこ》グッズ店《てん》を活用《かつよう》する

使《つか》わないグッズをほしい人《ひと》にゆずる

推《お》しグッズを集《あつ》めていると、同《おな》じものがかぶってしまったり、量《りょう》が増《ふ》えて部屋《へや》に置《お》けなくなってしまうこともあるよね。そんなときは、フリマアプリや中古《ちゅうこ》グッズ店《てん》で売《う》る方法《ほうほう》があるよ。ほしい人《ひと》に届《とど》くし、売《う》れたお金《かね》で別《べつ》のグッズが買《か》えるから一石《いっせき》二鳥《にちょう》！　フリマアプリでは、売《う》れたお金《かね》から手数料《てすうりょう》や送料《そうりょう》が引《ひ》かれるから気《き》をつけよう。

同《おな》じのが当《あ》たっちゃったー

リセールを使《つか》うのもグッズを売《う》るのも、家《いえ》の人《ひと》といっしょにやりましょう！

ユウカ

楽《たの》しく貯《た》める推《お》し活《かつ》貯《ちょ》金《きん》術《じゅつ》

楽《たの》しい推《お》し活《かつ》のための貯金《ちょきん》が、がまんだらけの苦《くる》しいものだとなかなか続《つづ》かないよね。推《お》しの力《ちから》で楽《たの》しくお金《かね》を貯《た》められる方法《ほうほう》を紹介《しょうかい》するよ。

貯金《ちょきん》できるか自信《じしん》ないな～。
あればあるだけ使《つか》っちゃう……

わたしも最初《さいしょ》はそうでした。
でも、貯金《ちょきん》も推《お》し活《かつ》のひとつと考《かんが》えたら
お金《かね》を貯《た》めるまでも楽《たの》しくなりましたよ！

貯《ちょ》金《きん》術《じゅつ》① 推《お》し貯《ちょ》金《きん》箱《ばこ》をつくる

透明《とうめい》のケースに推《お》しのアクリルスタンドやフィギュアを入《い》れて、推《お》しにあげるつもりで貯金《ちょきん》してみよう。机《つくえ》の上《うえ》など、いつも目《め》につくところに置《お》けば、ついつい貯金《ちょきん》したくなってしまうはず。貯金箱《ちょきんばこ》に推《お》しの写真《しゃしん》を貼《は》るだけでもOKだよ。

貯《ちょ》金《きん》術《じゅつ》② イベントまでのカウントダウン貯《ちょ》金《きん》

イベントに参加《さんか》することが決《き》まったら、その日《ひ》をカウントダウンしながら毎日少《まいにちすこ》しずつ貯金《ちょきん》してみよう。たとえば100日前《にちまえ》から1円《えん》、2円《えん》、3円《えん》……と1日《にち》1円《えん》ずつ貯金《ちょきん》する金額《きんがく》を増《ふ》やしていくと、当日《とうじつ》までに約《やく》5,000円《えん》貯《た》められるよ。

貯金術《ちょきんじゅつ》③ 推《お》しが投稿《とうこう》したら貯金《ちょきん》

推《お》しがSNSで投稿《とうこう》するたびに、「いいね♡」を押《お》すような気持《きも》ちで貯金《ちょきん》をする方法《ほうほう》だよ。１日何度《にちなんど》も投稿《とうこう》する推《お》しなら１回《かい》10円《えん》、たまに更新《こうしん》する推《お》しなら１回《かい》100円《えん》など、無理《むり》のない金額《きんがく》を設定《せってい》しよう。たまったお金《かね》が推《お》しへの「いいね♡」の積《つ》み重《かさ》ねだと思《おも》うと、大事《だいじ》に使《つか》いたくなるよね。

推《お》しのこんな活動《かつどう》で貯金《ちょきん》してもOK!

推《お》しのCMを見《み》た	1回《かい》10円《えん》	舞台《ぶたい》・ライブ発表《はっぴょう》	1回《かい》50円《えん》
ラジオ出演《しゅつえん》	1回《かい》20円《えん》	映画出演《えいがしゅつえん》	1回《かい》100円《えん》
テレビ出演《しゅつえん》	1回《かい》30円《えん》	推《お》しの誕生日《たんじょうび》	1,000円《えん》

POINT 貯金《ちょきん》するためのコツ

おこづかいが入《はい》ったら決《き》まった額《がく》を貯金《ちょきん》

お金《かね》が余《あま》ったら貯金《ちょきん》しようと思《おも》っていると、なかなか貯《た》められないよ。おこづかいをもらったらすぐに、決《き》めた金《きん》額《がく》を分《わ》けて貯金《ちょきん》しよう。貯金分《ちょきんぶん》を引《ひ》いた金額《きんがく》が、使《つか》っていいお金《かね》だよ。

ムダな出費《しゅっぴ》をなるべく減《へ》らそう

なんとなく衝動買《しょうどうが》いしちゃったり、そこまでほしくないものにお金《かね》を使《つか》ったりするのはもったいない。ほしいと思《おも》ってから少《すこ》し時間《じかん》をおいてみて、本《ほん》当《とう》に必要《ひつよう》なものか考《かんが》えてから買《か》おう。

推《お》しからのメッセージ

グッズを買《か》ったり、ライブに来《き》てくれたりするのはすごくうれしいけど、むりはしないでほしいな。応援《おうえん》してくれるその気持《きも》ちがいちばんうれしいんだ♡

チヒロ

やっぱり、おこづかいだけじゃ足《た》りないなぁ。
どうしたらいいんだろう

マイカ

家《いえ》の人《ひと》に相談《そうだん》してみるのはどう？
もしかしたら推《お》し活《かつ》のお金《かね》を
サポートしてもらえるかも……

家《いえ》の人《ひと》に相《そう》談《だん》してみよう

家《いえ》の人《ひと》と推《お》し活《かつ》のことを共《きょう》有《ゆう》する

がんばって貯金《ちょきん》したけれど、どうしても推《お》し活《かつ》のお金《かね》が足《た》りない……そんなときは家《いえ》の人《ひと》に相談《そうだん》してみよう。いきなり「お金《かね》ちょうだい！」と言《い》うのではなく、ふだんから推《お》しの話《はなし》をしておくといいよ。家《いえ》の人《ひと》は、みんながどんな推《お》し活《かつ》をしているのか心配《しんぱい》しているはず。何《なに》をしているのかわかれば、共感《きょうかん》してくれるかもしれないよ。

マイカ

1回《かい》でわかってもらおうとは
思《おも》わずに、ふだんの会話《かいわ》に
はさんでみよう

家《いえ》の人《ひと》に推《お》しの魅力《みりょく》をアピールしてみる

推《お》しのステキなところ、すごいところを家《いえ》の人《ひと》にアピールしてみよう。押《お》しつけるのではなく、さりげなく伝《つた》えるのがポイント。家《いえ》の人《ひと》も推《お》しを好《す》きになってくれたら、あなたの推《お》し活《かつ》を応援《おうえん》してくれるかも！

ルールや約束《やくそく》を提案《ていあん》してみる

推《お》し活《かつ》ばかりで勉強《べんきょう》していなかったり、家《いえ》のお手伝《てつだ》いをしていなかったりしたら、家《いえ》の人《ひと》も応援《おうえん》する気《き》にはなれないよね。おこづかいがほしいときだけがんばっても、信用《しんよう》してもらえないよ。ふだんから自分《じぶん》ができるルールや約束《やくそく》を提案《ていあん》してみよう。

お手伝《てつだ》いをしておこづかいをもらう

家《いえ》のお手伝《てつだ》いをしたらおこづかいをもらえるよう交渉《こうしょう》してみよう。OKしてもらえたら、心《こころ》をこめてていねいにお手伝《てつだ》いしようね。

勉強《べんきょう》をがんばったらグッズを買《か》ってもらう

「テストで90点以上《てんいじょう》とる」「1日《にち》30分《ぷん》の勉強《べんきょう》を1か月続《げつつづ》ける」など、目標達成《もくひょうたっせい》でグッズを買《か》ってもらう交渉《こうしょう》をするのもアリ！

POINT 相談《そうだん》するときに気《き》をつけること

家《いえ》の人《ひと》に相談《そうだん》するときは、感情的《かんじょうてき》にならないことが大事《だいじ》。思《おも》いどおりにならないからといって、ケンカのようにならないよう気《き》をつけてね。みんなの推《お》し活《かつ》を否定《ひてい》したいわけじゃなく、勉強《べんきょう》や友《とも》だち、家族《かぞく》のことも大事《だいじ》にしてほしいと思《おも》っているんだよ。おたがいに気持《きも》ちに余裕《よゆう》があるときに話《はな》すようにしよう。

お金《かね》をかけずに推《お》し活《かつ》する

お金《かね》がないと推《お》し活《かつ》できない、なんてことはないよ。お金《かね》をかけずにできることもたくさんあるんだ。いろいろ工夫《くふう》することで、推《お》しを思《おも》う気持《きも》ちも深《ふか》まりそう！

ほしいものがあるから、今月《こんげつ》は節約《せつやく》したい！　お金《かね》をかけない推《お》し活《かつ》ってどんなものがあるのかな？

文房具《ぶんぼうぐ》や小物《こもの》を推《お》し色《いろ》にしてみる

公式《こうしき》サイトで販売《はんばい》されているグッズは買《か》えなくても、勉強《べんきょう》に必要《ひつよう》なものなら家《いえ》の人《ひと》に買《か》ってもらえるかも。ふだん使《つか》うものを推《お》し色《いろ》でそろえてみたら、毎日《まいにち》推《お》しを感《かん》じられそう。文房具《ぶんぼうぐ》なら、学校《がっこう》でも塾《じゅく》でも、いつでも推《お》しといっしょにいられるね。

推《お》しの情報《じょうほう》を整理《せいり》してみる

公式《こうしき》サイトやSNSをじっくりチェックして、推《お》しにもっと詳《くわ》しくなっちゃおう。推《お》しのプロフィールや推《お》しが言《い》った言葉《ことば》、出《しゅつ》演《えん》している作品《さくひん》の情報《じょうほう》や感想《かんそう》などをまとめる「推《お》しノート」をつくるのも楽《たの》しそう。

オリジナルグッズをつくる

公式《こうしき》グッズを買《か》えないときは、自《じ》分《ぶん》でオリジナルの推《お》しグッズをつくるのもおすすめ。ノートや手帳《てちょう》に写真《しゃしん》を貼《は》るだけでもいいし、ライブに行《い》く日《ひ》のためにうちわやペンライトをかわいくかざりつけておくのもいいね。

過去《かこ》の配信《はいしん》や動画《どうが》をさかのぼってみる

推《お》しの配信《はいしん》や動画《どうが》で過去《かこ》のものを探《さが》してみると、少《すこ》し前《まえ》の推《お》しを見《み》られてなつかしい気持《きも》ちになりそう。昔《むかし》から現在《げんざい》まで順番《じゅんばん》に見《み》ていくのがおすすめだよ。推《お》しの成長《せいちょう》を感《かん》じられて感動《かんどう》しちゃうかも！

ほかのファンと交流《こうりゅう》してみる

同《おな》じ推《お》しのファン同士《どうし》で、SNS《エスエヌエス》や掲示板《けいじばん》（ファンによる書《か》き込《こ》みサイト）などで交流《こうりゅう》してみよう。推《お》しの魅力《みりょく》を語《かた》り合《あ》うだけで、心《こころ》が満《み》たされるよね。話《はな》しかけるときは、60ページを見《み》て、マナーに気《き》をつけよう。

曲《きょく》や映像《えいぞう》をくりかえし聞《き》く・見《み》る

大好《だいす》きな推《お》しの曲《きょく》や映像《えいぞう》は、何度見《なんどみ》たり聞《き》いたりしてもあきないよね。いつもとちょっとちがうところに注目《ちゅうもく》してみると、新《あたら》しい発見《はっけん》があるかも。歌詞《かし》をじっくり味《あじ》わってみたり、推《お》しが歌《うた》うときの「裏声《うらごえ》」や「息《いき》つぎ」に注目《ちゅうもく》して聞《き》いてみたり、いろいろな楽《たの》しみ方《かた》があるよ。

大事《だいじ》なのはグッズの数《かず》でも
参加《さんか》したイベントの数《かず》でもないんだね！

そうそう。推《お》しを思《おも》う気持《きも》ちが
あれば、こんな推《お》し活《かつ》も
できるんだね

STEP 02

推《お》し活《かつ》のための時《じ》間《かん》の使《つか》い方《かた》

推《お》しのことを考《かんが》えていると、すぐに時間《じかん》がすぎちゃうよね。勉強《べんきょう》や自分《じぶん》の時間《じかん》を確保《かくほ》するにはどうしたらいいか考《かんが》えてみよう。

最近《さいきん》、推《お》しの配信《はいしん》が夜遅《よるおそ》くまであって寝不足《ねぶそく》なんだよね〜

え〜、それはまずいんじゃない？
楽《たの》しく推《お》し活《かつ》をするためには
自分《じぶん》の時間《じかん》も大事《だいじ》だよ！

推《お》し活《かつ》の日課《にっか》を書《か》き出《だ》してみる

ふだん推《お》し活《かつ》でどんなことをしているか、書《か》き出《だ》してみよう。ひとつひとつは短《みじか》い時間《じかん》で終《お》わることでも、たくさんあると、意外《いがい》と時間《じかん》を使《つか》っているかもしれないよ。

推《お》し色《いろ》を身《み》につける

SNSチェック

推《お》しの配信《はいしん》を見《み》る

推《お》しの曲《きょく》を聞《き》く

推《お》し活友《かつとも》だちと交流《こうりゅう》

推《お》しグッズをながめる

公式《こうしき》サイトチェック

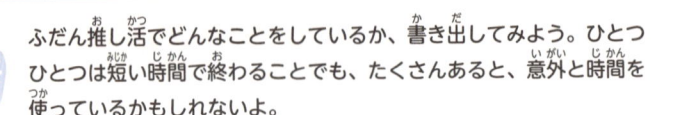

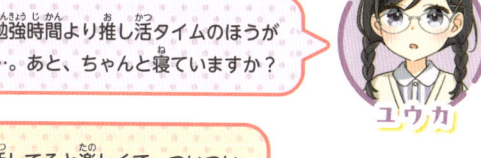

1日《にち》のスケジュールを書《か》き出《だ》してみる

自分《じぶん》のふだんの1日《にち》の行動《こうどう》を書《か》き出《だ》してみよう。推《お》しにかかわることはどれくらいあるかな？　書《か》き出《だ》してみると、ムダな時間《じかん》や確保《かくほ》したい時間《じかん》がわかりやすくなるよ。

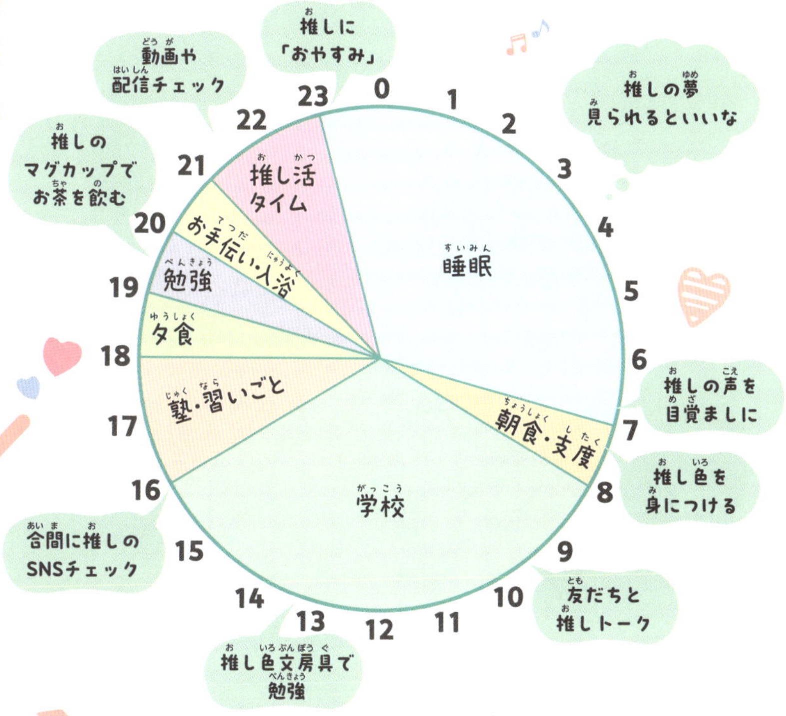
推《お》しに「おやすみ」
動画《どうが》や配信《はいしん》チェック
推《お》しのマグカップでお茶《ちゃ》を飲《の》む
推《お》しの夢《ゆめ》見《み》られるといいな
推《お》しの声《こえ》を目覚《めざ》ましに
推《お》し色《いろ》を身《み》につける
友《とも》だちと推《お》しトーク
推《お》し色文房具《いろぶんぼうぐ》で勉強《べんきょう》
合間《あいま》に推《お》しのSNSチェック
0 1 2 3 4 5 6 7 8 9 10 11 12 13 14 15 16 17 18 19 20 21 22 23
睡眠《すいみん》
朝食《ちょうしょく》・支度《したく》
学校《がっこう》
塾《じゅく》・習《なら》いごと
夕食《ゆうしょく》
勉強《べんきょう》
お手伝《てつだ》い・入浴《にゅうよく》
推《お》し活《かつ》タイム

ユウカ

家《いえ》での勉強時間《べんきょうじかん》より推《お》し活《かつ》タイムのほうが長《なが》い……。あと、ちゃんと寝《ね》ていますか？

マイカ

推《お》し活《かつ》してると楽《たの》しくて、ついつい時間《じかん》をオーバーしちゃうんだよね

自分《じぶん》のためは、推《お》しのため

大好《だいす》きな推《お》しを応援《おうえん》するのと同《おな》じくらい、自分《じぶん》のことも大切《たいせつ》にしよう。毎日《まいにち》の睡眠《すいみん》や食事《しょくじ》をしっかりとる、勉強《べんきょう》でがんばる、友《とも》だちと遊《あそ》ぶなど、推《お》し活以外《かついがい》の時間《じかん》も充実《じゅうじつ》させることが大事《だいじ》なんだ。

推《お》しから見《み》て、自分《じぶん》のファンがキラキラしていたら……？

いつか推《お》しに会《あ》ったときに、どんな自分《じぶん》でいたいか考《かんが》えてみよう。明《あか》るい笑顔《えがお》で応援《おうえん》の気持《きも》ちを伝《つた》えたいよね。バランスの取《と》れた食事《しょくじ》や睡眠《すいみん》をしっかりとって、心《こころ》も体《からだ》も元気《げんき》いっぱいに！　いつでも堂々《どうどう》と推《お》しに会《あ》えるような自分《じぶん》になろう。

推《お》しから見《み》て、自分《じぶん》のファンがげっそりとしていたら……？

身《み》だしなみがだらしなく、げっそりとしていたらどうだろう。推《お》しは、来《き》てくれてうれしいという気持《きも》ちよりも、心配《しんぱい》になってしまうかも……。推《お》しさえいればなにもいらない！　と思《おも》ってしまいがちだけど、推《お》し活以外《かついがい》のことも大切《たいせつ》なんだ。

推《お》しからのメッセージ

君《きみ》が毎日《まいにち》の勉強《べんきょう》や習《なら》いごとをがんばるエネルギーになれているなら、とてもうれしいよ。だからこそ、僕《ぼく》の応援《おうえん》のためにむりはしないで。いつでも元気《げんき》な君《きみ》でいてね！

自分《じぶん》のための時間《じかん》も大事《だいじ》にしよう

推《お》し活《かつ》はいろいろな楽《たの》しい経験《けいけん》をさせてくれるけれど、同《おな》じように自分《じぶん》の未来《みらい》も大切《たいせつ》。推《お》し活以外《かついがい》にも、今《いま》の自分《じぶん》にとって大事《だいじ》なことがたくさんあるはずだよ。どんなものがあるか見《み》てみよう。

勉強《べんきょう》

勉強《べんきょう》は自分《じぶん》のためにするもの。テストや通知表《つうちひょう》ももちろん大事《だいじ》だけど、将来《しょうらい》の夢《ゆめ》を叶《かな》える力《ちから》になるよ。推《お》しのように輝《かがや》くために、がんばって！

家《いえ》のお手伝《てつだ》い

面倒《めんどう》に感《かん》じるかもしれないけど、家族《かぞく》のためにできることをやるって大事《だいじ》なこと。家族《かぞく》のきずなが深《ふか》まれば、推《お》し活《かつ》も応援《おうえん》してもらえるかも。

運動《うんどう》

推《お》し活《かつ》は楽《たの》しいけどつい画面《がめん》を見《み》る時間《じかん》が長《なが》くなりがち。体《からだ》を動《うご》かしてリフレッシュしよう。推《お》しのイベントに行《い》くときにも体力《たいりょく》は大事《だいじ》だよ。

睡眠《すいみん》

推《お》しの情報《じょうほう》を全部《ぜんぶ》チェックしたい気持《きも》ちはわかるけど、寝不足《ねぶそく》はダメだよ。元気《げんき》に推《お》し活《かつ》するためにも、しっかり寝《ね》て心《こころ》と体《からだ》を健康《けんこう》に。

友《とも》だちとの遊《あそ》び

推《お》しを見《み》て笑顔《えがお》になる時間《じかん》も大事《だいじ》だけど、目《め》の前《まえ》の友《とも》だちと笑《わら》い合《あ》う時間《じかん》もとっても大事《だいじ》。友《とも》だちとの時間《じかん》と推《お》し活《かつ》のバランスをとっていこう。

習《なら》いごとや部活《ぶかつ》

習《なら》いごとや部活《ぶかつ》は、自分《じぶん》の好《す》きなことを見《み》つけたり、才能《さいのう》をのばしたりできる場所《ばしょ》。なりたい自分《じぶん》になるために、全力《ぜんりょく》で取《と》り組《く》もう！

推《お》し活以外《かついがい》にも大事《だいじ》なことがたくさん！
推《お》し活《かつ》を楽《たの》しみながら、自分《じぶん》も大切《たいせつ》にしたいな

STEP 03

推《お》しでやる気《き》をUPする

どうしてもやる気《き》が出《で》ない日《ひ》や集中《しゅうちゅう》できない日《ひ》ってあるよね。
そんなときは、推《お》しに力《ちから》を借《か》りて乗《の》りきろう！

勉強《べんきょう》しなきゃって思《おも》うけど、
ついだらだらしちゃう……

わたしは推《お》しの力《ちから》で
気持《きも》ちを切《き》り替《か》えているよ！

推《お》しでやる気《き》と集中力《しゅうちゅうりょく》をとりもどす

推《お》し活《かつ》ばかりで、やらなきゃいけないことがなかなか進《すす》まない……そんな人《ひと》におすすめの方法《ほうほう》を紹介《しょうかい》するよ。推《お》しを愛《あい》する気持《きも》ちの強《つよ》さを、そのままやる気《き》と集中力《しゅうちゅうりょく》に変《か》えられるんだ。さっそく今日《きょう》から試《ため》してみよう！

推《お》しの配信《はいしん》などをごほうびにする

推《お》しの配信《はいしん》などをがんばったあとのごほうびにしよう。やることをすませたあとなら、心置《こころお》きなく見《み》られるよ！　配信時間《はいしんじかん》がわかっていたら、「その時間《じかん》まで勉強《べんきょう》する」などの予定《よてい》も立《た》てやすいね。

推《お》しに「がんばるよ」と誓《ちか》う

勉強《べんきょう》をはじめる前《まえ》に、推《お》しの写真《しゃしん》やアクリルスタンドなどのグッズに向《む》かって「がんばるよ」と誓《ちか》うだけ。集中力《しゅうちゅうりょく》が切《き》れそうになっても、推《お》しとの約束《やくそく》を守《まも》るためなら気持《きも》ちを切《き》り替《か》えられるはず。

推《お》しにほめてもらう

ノートのいちばんうしろのページや、机《つくえ》の引《ひ》き出《だ》しの中《なか》に推《お》しの写《しゃ》真《しん》を貼《は》って、「よくがんばったね」「えらいね」などのほめ言葉《ことば》を書《か》いておこう。やることが終《お》わったあとに見《み》れば、推《お》しがほめてくれているみたい。

スマホを推《お》し（グッズ）に預《あず》ける

集中《しゅうちゅう》したいのに、ついスマホを見《み》てしまうときは推《お》しグッズに預《あず》かってもらおう。グッズの近《ちか》くに置《お》くだけでOK。スマホを見《み》そうになったら推《お》しの顔《かお》が目《め》に入《はい》るから、グッと思《おも》いとどまれるはず。

推《お》しががんばっている姿《すがた》を想像《そうぞう》する

これ以上《いじょう》がんばれないと思《おも》ったときは、推《お》しががんばっている姿《すがた》を想像《そうぞう》してみよう。「○○の舞台《ぶたい》の稽古中《けいこちゅう》かな」「ダンスのレッスンをしているかも」など具体的《ぐたいてき》に思《おも》い描《えが》いてね。推《お》しががんばっているから自分《じぶん》もがんばろうと思《おも》えるよ！

推《お》しの音楽《おんがく》を聞《き》きながら運動《うんどう》や片《かた》づけ

運動《うんどう》するときや部屋《へや》を片《かた》づけるときは推《お》しの音楽《おんがく》を聞《き》きながらやってみよう。この曲《きょく》が終《お》わるまでに机《つくえ》の中《なか》を片《かた》づける！　など決《き》めて音楽《おんがく》を流《なが》せば、ノリノリのままあっという間《ま》に終《お》えられるかも。

推《お》しがいるからがんばれることがたくさんあります！

推《お》し活《かつ》Q&A

Q 家《いえ》の人《ひと》やまわりの人《ひと》に推《お》し活《かつ》を理解《りかい》してもらえない……

A やるべきことをやっているか振《ふ》り返《かえ》ってみて

推《お》し活《かつ》にハマりすぎて勉強《べんきょう》などをおろそかにしていたら、「推《お》し活《かつ》のせいで勉強《べんきょう》していない」と思《おも》われて、理解《りかい》してもらえないかもしれないね。だから、勉強《べんきょう》やお手伝《てつだ》いなどのやるべきことをやってから、推《お》しの良《よ》さをまわりの人《ひと》に伝《つた》えてみよう！

Q 推《お》しの情報《じょうほう》をすぐチェックしたいから、スマホが手放《てばな》せなくなっちゃった

A 振《ふ》り回《まわ》されないようにスマホのルールを決《き》めよう

どんな情報《じょうほう》も逃《に》げることはないから、公開《こうかい》されたあとでゆっくりチェックしても問題《もんだい》ないはず。それに、スマホばかり見《み》ていると、家《いえ》の人《ひと》や友《とも》だちが心配《しんぱい》してしまうよ。「スマホは1日《にち》1時間《じかん》まで」などのルールを決《き》めて、メリハリのある生活《せいかつ》を心《こころ》がけよう！

Q 大事《だいじ》な試合《しあい》やテストとライブ配信《はいしん》がかぶっちゃった……

A アーカイブ配信《はいしん》があるかをチェック！

ライブ配信《はいしん》には、あとから見《み》られる「アーカイブ配信《はいしん》」があることが多《おお》いよ。でも、アーカイブ配信《はいしん》がなかったら、どっちを優先《ゆうせん》するべきか迷《まよ》っちゃうよね。そんなときは、「将来《しょうらい》の自分《じぶん》にとって大事《だいじ》なのはどっちだろう？」と考《かんが》えて優先順位《ゆうせんじゅんい》を決《き》めよう。

Q 推《お》しさえいれば、学校《がっこう》もごはんも睡眠《すいみん》もいらないのにー！

A あなたの元気《げんき》な毎日《まいにち》が何《なに》より大切《たいせつ》！

もし推《お》し以外《いがい》のすべてを捨《す》ててしまったら、それで推《お》しがよろこぶのか考《かんが》えてみよう。推《お》しは、あなたに自分《じぶん》の人生《じんせい》も充実《じゅうじつ》させてほしいと思《おも》っているはずだよ。家《いえ》の人《ひと》や友《とも》だちとの時間《じかん》も大切《たいせつ》にして、よく食《た》べ、よく寝《ね》て、元気《げんき》に応援《おうえん》することが、最高《さいこう》の推《お》し活《かつ》だよ。

STAGE 6

推《お》しへの愛《あい》を形《かたち》にしよう

推《お》しがいる毎日《まいにち》ってすごく充実《じゅうじつ》している気《き》がする！
ハルトくんに「ありがとう」って伝《つた》えた

推《お》し活《かつ》をしていると、どんどん推《お》しへの想《おも》いが高《たか》まっていくよね。そんな気持《きも》ちを推《お》しや世界《せかい》に伝《つた》える方法《ほうほう》を紹介《しょうかい》するよ。あふれる推《お》しへの愛《あい》を表現《ひょうげん》しよう！

推《お》しに気持《きも》ちを伝《つた》えよう

NBOYSでは「ハイタッチ会《かい》」がありますね
へ～
そういう機会《きかい》があったら行《い》ってみたいけど……
直接《ちょくせつ》じゃなくてもSNSでハルトくんのことを投稿《とうこう》したら見《み》てもらえるかも
SNSは見《み》るばっかりで投稿《とうこう》はまだやったことないなぁ
わたしはミミちゃんにたくさん好《す》きって伝《つた》えたいから動画《どうが》にコメントしてるよ
わたしはイラストを描《か》いたらタグをつけてママに投稿《とうこう》してもらっています
みんないろんな形《かたち》で推《お》しへの思《おも》いを表現《ひょうげん》しているんだね
うん！ファンレター書《か》いてみようかな！
まずはいっしょにかわいいレターセット買《か》いに行《い》きましょう？

STEP 01

推《お》しをあらわすいろいろな言葉《ことば》

言葉《ことば》にできないくらい大好《だいす》きな推《お》し。でも、その気持《きも》ちをいろいろな言葉《ことば》であらわしたら、もっと推《お》しのことを伝《つた》えられるよ。

やばいよ～
この動画《どうが》のハルトくんやばすぎる

さっきからやばいしか言《い》ってないですよ。
ほかにもいろいろな言葉《ことば》で表現《ひょうげん》できるはずです！

推《お》しのよさをあらわす言葉《ことば》

かわいい	見《み》た目《め》のかわいらしさだけでなく、性格《せいかく》や行動《こうどう》、存在《そんざい》そのものも指《さ》すよ。
かっこいい	見《み》た目《め》だけでなく、存在感《そんざいかん》や内面《ないめん》の強《つよ》さをほめるときにも使《つか》うよ。
とうとい	推《お》しをありがたい存在《そんざい》として尊敬《そんけい》や愛情《あいじょう》の気持《きも》ちをこめた言葉《ことば》。
神秘的《しんぴてき》	変《か》わった世界観《せかいかん》やミステリアスな魅力《みりょく》をほめるときに使《つか》うよ。
優雅《ゆうが》	仕草《しぐさ》やパフォーマンスが上品《じょうひん》で美《うつく》しいことをあらわす言葉《ことば》。
圧倒的《あっとうてき》	「ほかとはくらべものにならないほど」という意味《いみ》。
洗練《せんれん》された	外見《がいけん》やパフォーマンスのレベルが高《たか》く、センスがいいこと。
唯一無二《ゆいいつむに》	「ほかに代《か》わりがいない」「ただひとりの」という意味《いみ》。

…など

自分《じぶん》の言葉《ことば》で推《お》しをあらわす

ところで、ハルトくんの
どんなところが好《す》きなんですか？

それはもちろん
全部《ぜんぶ》だよ！

もう少《すこ》し具体的《ぐたいてき》な言葉《ことば》にしてみてはどうですか？
チヒロさんの思《おも》いを知《し》りたいです！

推《お》しのどこが好《す》き？　どんなふうに好《す》き？

たとえば友《とも》だちにおすすめの本《ほん》を紹介《しょうかい》するとき、ただ「おもしろかった！」と言《い》うよりも、どこがおもしろかったか、自分《じぶん》がどんなふうに感《かん》じたかを話《はな》したほうが本《ほん》のよさが伝《つた》わるよね。推《お》しの話《はなし》をするときも、自分《じぶん》が思《おも》っていることをできるだけ具体的《ぐたいてき》に伝《つた》えてみよう。推《お》しをいつも見《み》ているからこそ言《い》える言葉《ことば》があるはず。それは推《お》しへのステキな愛情表現《あいじょうひょうげん》だよ。

推《お》しのセリフに背中《せなか》を押《お》された

試合中《しあいちゅう》の真剣《しんけん》な表情《ひょうじょう》にドキドキ

クールに見《み》えて天然《てんねん》でかわいい♡

自分《じぶん》だけの言葉《ことば》を見《み》つけよう！

ギターの音色《ねいろ》が心《こころ》に響《ひび》く

ミュージックビデオのサビ前《まえ》のシーンでカメラ目線《めせん》になるのが好《す》き！

ツッコミの言葉《ことば》のセンスにしびれる！

太陽《たいよう》のような推《お》しの笑顔《えがお》にいやされる

STEP 02

SNSで推《お》しについて発信《はっしん》する

あふれ出《で》る推《お》しへの愛《あい》を、SNSで発信《はっしん》してみよう。同《おな》じ推《お》しのファンとつながったり、感動《かんどう》を共有《きょうゆう》できたりするよ！

チヒロ

推《お》しへの愛《あい》をいろいろな言葉《ことば》で表現《ひょうげん》できるようになったしSNSで発信《はっしん》してみたいな～

アンナ

SNSで発信《はっしん》するときは、注意《ちゅうい》することもあるよ！　いっしょに確認《かくにん》しよう！

推《お》しについて文章《ぶんしょう》で投稿《とうこう》してみよう

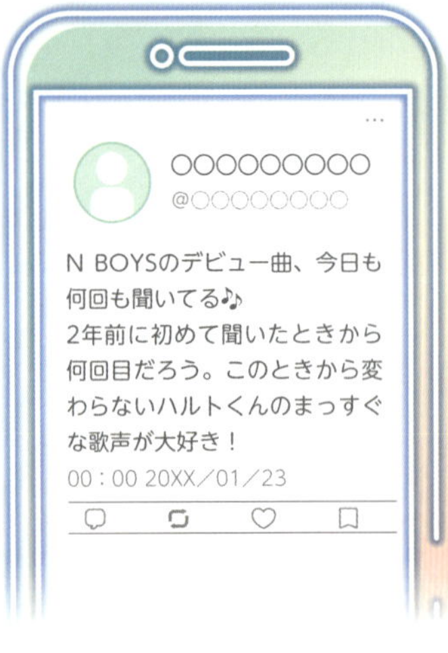

○○○○○○○○○○
@○○○○○○○○
N BOYSのデビュー曲、今日も何回も聞いてる♪
2年前に初めて聞いたときから何回目だろう。このときから変わらないハルトくんのまっすぐな歌声が大好き！
00：00 20XX／01／23

文章《ぶんしょう》で発信《はっしん》するときは、わかりやすいように短《みじか》く書《か》くのが基本《きほん》。推《お》しの魅力《みりょく》やコンサートの感想《かんそう》、グッズ紹介《しょうかい》、推《お》しを応援《おうえん》する言葉《ことば》など、ポジティブな内容《ないよう》にしよう。推《お》しにダメ出《だ》ししたり傷《きず》つけることは書《か》かないでね。

POINT　検索《けんさく》してみよう

SNSには検索機能《けんさくきのう》があるよ。推《お》しの名前《なまえ》や作《さく》品名《ひんめい》で検索《けんさく》すると、ほかのファンの投稿《とうこう》が見《み》られて楽《たの》しいかも。

推《お》し活《かつ》報告《ほうこく》をしてみよう！

イベントに参加《さんか》したり、グッズをゲットしたりしたときは、SNSで報告《ほうこく》してみよう。文章《ぶんしょう》だけでなく画像《がぞう》ものせると、リアルな感動《かんどう》が伝《つた》わるよ。のせるときは、座席《ざせき》や整理番号《せいりばんごう》はかくすようにしよう。内容《ないよう》のネタバレにも注意《ちゅうい》！

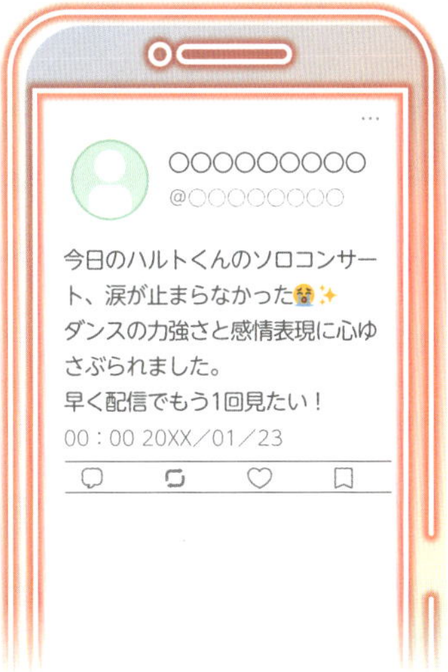
○○○○○○○○○○
@○○○○○○○○○
今日のハルトくんのソロコンサート、涙が止まらなかった
ダンスの力強さと感情表現に心ゆさぶられました。
早く配信でもう1回見たい！
00：00 20XX／01／23

POINT 画像《がぞう》をのせるときは

撮影禁止《さつえいきんし》の場所《ばしょ》で撮《と》っていないか注意《ちゅうい》。また、ほかの人《ひと》の顔《かお》が写《うつ》らないように気《き》をつけよう。

リポスト・再投稿機能《さいとうこうきのう》を使《つか》ってみよう

あなたがリポストしました
□□□□□□
@□□□□□□□
今日のファンミで、前の列の子が落としちゃったうちわをハルトくんが拾ってあげてた
ファン思いでやさしすぎる……
00：00 20XX／01／23
このマークを押《お》すとリポストできるよ

SNSによっては、ほかの人《ひと》の投稿《とうこう》を広《ひろ》める「リポスト（再投稿《さいとうこう》）」という機能《きのう》があるよ。その人《ひと》を直接《ちょくせつ》フォローしていなくても、自分《じぶん》の投稿《とうこう》と同《おな》じようにフォロワーに見《み》てもらうことができるんだ。共感《きょうかん》できる投稿《とうこう》や、たくさんの人《ひと》に読《よ》んでほしい投稿《とうこう》などはリポストしてみよう。

POINT 引用《いんよう》について

リポストするときにコメントをつけて投稿《とうこう》できる「引用《いんよう》」機能《きのう》もあるよ。リポスト元《もと》の投稿《とうこう》をした人《ひと》にも通知《つうち》が届《とど》くことが多《おお》いから、ネガティブな内容《ないよう》は書《か》かないようにしよう。

STEP 03 ファンレターを出《だ》す

大好《だいす》きな推《お》しにメッセージを伝《つた》えられるファンレター。書《か》くときや送《おく》るときのポイントをチェックしよう！

ファンレターって
何《なに》を書《か》いたらいいんだろう……

元気《げんき》をもらっている感謝《かんしゃ》とか、
応援《おうえん》したい気持《きも》ちとか、
なんでもいいんじゃない？

ファンレターってなに？

ファンレターは、ファンが推《お》しに送《おく》る手紙《てがみ》のこと。なかなか会《あ》うことができない推《お》しでも、自分《じぶん》の気《き》持《も》ちを伝《つた》えられる方法《ほうほう》だよ。日頃《ひごろ》の感謝《かんしゃ》や作品《さくひん》の感想《かんそう》、応援《おうえん》メッセージなどを書《か》いて送《おく》ってみよう。推《お》しにとっても自分《じぶん》の活動《かつどう》や作品《さくひん》がファンの心《こころ》に届《とど》いていることを感《かん》じられるはずだよ。

返事《へんじ》が来《く》ることは
期待《きたい》しないほうがいいですが、
自分《じぶん》の手紙《てがみ》で推《お》しが喜《よろこ》んで
くれたら、うれしいですよね！

ファンレターの出《だ》し方《かた》

ファンレターを推《お》しに届《とど》ける方法《ほうほう》には、いくつかの種類《しゅるい》があるよ。所属事務所《しょぞくじむしょ》のサイトなどで確認《かくにん》してみよう。

事務所《じむしょ》に送《おく》る

いちばん基本的《きほんてき》な出《だ》し方《かた》。公式《こうしき》サイトで所属事務所《しょぞくじむしょ》の住所《じゅうしょ》を調《しら》べて郵送《ゆうそう》しよう。ファンレターの宛先《あてさき》が別《べつ》に書《か》かれていることもあるよ。マンガやアニメのキャラクターが推《お》しなら、出版社《しゅっぱんしゃ》や声優《せいゆう》の所属事務所《しょぞくじむしょ》などに送《おく》ろう。

プレゼントボックスに入《い》れる

コンサートやファンミーティングの会場《かいじょう》に、プレゼントや手紙《てがみ》を入《い》れるボックスが用意《ようい》されていることも。イベントの注意事項《ちゅういじこう》をチェックしておこう。

イベントで直接渡《ちょくせつわた》す

CDや新刊《しんかん》のお渡《わた》し会《かい》、握手会《あくしゅかい》など、1対《たい》1で推《お》しと会話《かいわ》できるイベントでは、直接渡《ちょくせつわた》せることもあるよ。当日《とうじつ》のスタッフの指示《しじ》に従《したが》おう。

SNSでメッセージを送《おく》る

推《お》しのSNSにコメントをしたり、メッセージを送《おく》ったりするのもファンレターのひとつだよ。気軽《きがる》に送《おく》れるけれど、マナーは守《まも》ろうね。推《お》しは友《とも》だちではないよ。しつこくしたり、失礼《しつれい》なことを言《い》ったり、自分《じぶん》のアカウントをフォローしてと頼《たの》んだりするのはやめよう。

ATTENTION

ファンレターは必《かなら》ず送《おく》れるわけではない？

- 事務所《じむしょ》によっては、ファンレターを受《う》けつけていない場合《ばあい》もあるよ。ファンクラブ会員《かいいん》だけが送《おく》れるケースも。公式《こうしき》サイトで確認《かくにん》しよう。

ファンレターの書《か》き方《かた》

ファンレターを実際《じっさい》に書《か》いてみよう。びんせんに書《か》く前《まえ》に、別《べつ》の紙《かみ》やスマホのメモに下書《したが》きをして、内容《ないよう》を決《き》めておくのがおすすめ。推《お》しを大切《たいせつ》にする気持《きも》ちを忘《わす》れずに、感謝《かんしゃ》や応援《おうえん》の思《おも》いをこめよう。

ハルトくん ……①宛名《あてな》

はじめまして。
わたしはハルトくんのことが大好きな
小学6年生のチヒロです。
ハルトくんのすてきな歌とダンスがとくに好きです！

……②自己紹介《じこしょうかい》(あいさつ)

先月のコンサート、本当に感動しました。
歌詞の深い意味と、
気持ちのこもったダンスに心をうばわれました。
学校で悩んでいたとき、
ハルトくんの歌が勇気を与えてくれたこと、
心から感謝しています。
とくに、デビュー曲のサビの歌詞が、
わたしにとって大切な応援メッセージです。

……③本文《ほんぶん》

これからもお体に気をつけて、
すてきな音楽を届け続けてください。
いつも応援しています。

チヒロより ……④自分《じぶん》の名前《なまえ》

⑤ふうとう

〒000-0000
東京都△△区△△0-0-0
00オフィス

N BOYS ハルト様

とっておきの
びんせんとふうとうを
用意《ようい》して書《か》いてみたよ！

①宛《あて》名《な》

まずは推《お》しの名前《なまえ》をいちばん上《うえ》に書《か》こう。少《すこ》し大《おお》きめに書《か》くよ。

②自《じ》己《こ》紹介《しょうかい》(あいさつ)

「はじめまして」や「こんにちは」などのあいさつのあと、かんたんな自己《じこ》紹介《しょうかい》を入《い》れよう。どんな人《ひと》からの手紙《てがみ》なのか、推《お》しがすぐにわかるようにするためだよ。

③本《ほん》文《ぶん》

推《お》しにいちばん伝《つた》えたいメッセージを書《か》こう。どんなところが好《す》きなのか、どんなふうに感動《かんどう》したのか、自分《じぶん》の体験《たいけん》や気持《きも》ちといっしょに書《か》くのがおすすめ。ポジティブな感想《かんそう》はいいけれど、上《うえ》から目線《めせん》のアドバイスやネガティブな内容《ないよう》はやめよう。

④自《じ》分《ぶん》の名《な》前《まえ》

最後《さいご》に、自分《じぶん》の名前《なまえ》をしっかり書《か》こう。ニックネームでもいいよ。

⑤ふうとう

表面《おもてめん》には読《よ》みやすい字《じ》ではっきりと「送《おく》り先《さき》の住所《じゅうしょ》」「会社名《かいしゃめい》」「推《お》しのグループ名《めい》や作品名《さくひんめい》」「推《お》しの名前《なまえ》」を書《か》こう。切手《きって》は、縦長《たてなが》のふうとうなら左上《ひだりうえ》、横長《よこなが》のふうとうなら右上《みぎうえ》に貼《は》るよ。裏面《うらめん》には「自分《じぶん》の住所《じゅうしょ》」と「自分《じぶん》の名前《なまえ》」を書《か》こう。

推《お》しからのメッセージ

ライブや作品《さくひん》の感想《かんそう》など具体的《ぐたいてき》に書《か》いてくれると、自分《じぶん》のことをしっかり見《み》てくれているんだってわかってうれしいな。みんなの言葉《ことば》が心《こころ》の支《ささ》えになるよ

STEP 04

ファンアートで表現《ひょうげん》する

推《お》しへの愛《あい》を形《かたち》にする方法《ほうほう》はほかにもたくさんあるよ！
楽《たの》しみながら「ファンアート」をつくってみよう。

チヒロ：じつは推《お》しのイラストを描《か》いてみたんだよね……！

ユウカ：ステキな「ファンアート」ですね！ イラスト以外《いがい》にもいろいろ表現《ひょうげん》できますよ

ファンアートってなに？

「ファンアート」とは、推《お》しへの愛《あい》をイラストやマンガ、手《て》づくりグッズなどで表現《ひょうげん》したもの。ファンアートのなかでも、もとの作品《さくひん》をベースにして、自分《じぶん》なりに創作《そうさく》した小説《しょうせつ》やイラスト、マンガを「二次創作《にじそうさく》」と言《い》うよ。ファンアートをつくるときは、推《お》しへの愛情《あいじょう》と尊敬《そんけい》の気持《きも》ちをもって、ルールやマナーを守《まも》ろう！

いろいろなファンアート

ファンアートにはいろいろな種類《しゅるい》があるよ。推《お》しへの愛《あい》を表現《ひょうげん》するのにぴったりなものがあるか、見《み》てみよう。

イラスト

推《お》しの魅力《みりょく》をイラストで表現《ひょうげん》。デジタル、色《いろ》えんぴつ、絵《え》の具《ぐ》など、さまざまなスタイルがあるよ。ほかの人《ひと》が描《か》いたものを写《うつ》す(トレースする)のはやめよう。

マンガ

推《お》しを登場人物《とうじょうじんぶつ》にしたオリジナルストーリーをマンガにしたもの。推《お》しの日常《にちじょう》を想像《そうぞう》して描《か》いてみるのも楽《たの》しいよ。原作《げんさく》があるものは、その世界《せかい》観《かん》を大切《たいせつ》に。

小説《しょうせつ》

推《お》しを登場人物《とうじょうじんぶつ》にした小説《しょうせつ》。「もしも推《お》しがクラスメイトだったら」など自由《じゆう》に想像《そうぞう》して書《か》けるのが魅力《みりょく》。だれかを不快《ふかい》にするような内容《ないよう》はやめようね。

コスプレ

推《お》しのファッションをマネするコスプレ。衣装《いしょう》をつくったり、メイクをマネしたりするのも楽《たの》しいよ。コスプレのまま街《まち》を歩《ある》くことはNGだよ。

推《お》しぬい

推《お》しのぬいぐるみのこと。フェルトなどで手《て》づくりする人《ひと》もいるよ。いっしょにお出《で》かけしたり、服《ふく》をつくって着《き》せ替《か》えしたりできるよ。

グッズ

推《お》しグッズを手《て》づくりするのもファンアート。100円《えん》ショップで手《て》に入《はい》る材料《ざいりょう》でもつくれるよ。何《なに》をつくるかはアイデア次第《しだい》！

ファンアートができたら、
いろいろな人《ひと》に見《み》てもらいたいな

ファンアートをSNSやブログにアップするときは
気《き》をつけたいことがあります。
134ページを見《み》て確認《かくにん》しましょう

推《お》し活《かつ》Q&A

Q 最近《さいきん》推《お》し活《かつ》がむなしくなっちゃった……

A 思《おも》い切《き》って少《すこ》し休《やす》んでみよう

むなしくなるのは、「推《お》し疲《づか》れ」のサインかも。応援《おうえん》するのが楽《たの》しい、ともう一度《いちど》思《おも》えるようになるまで、推《お》し活《かつ》を少《すこ》し休《やす》んでみよう。推《お》し活《かつ》を休《やす》むことは、推《お》しへの裏切《うらぎ》りではなく、長《なが》く推《お》し活《かつ》を続《つづ》けるために必要《ひつよう》なことなんだ。

Q 推《お》しの最近《さいきん》の髪型《かみがた》や髪色《かみいろ》が気《き》に入《い》らない！

A 「気《き》に入《い》らない」のは自由《じゆう》。でも推《お》しには言《い》わないで！

好《この》みは人《ひと》それぞれだから、気《き》に入《い》らないと思《おも》うのは自由《じゆう》だよ。でも、それをSNSなどの本人《ほんにん》に伝《つた》わる場所《ばしょ》で言《い》うのはやめようね。「前《まえ》のほうがよかった」「似合《にあ》わない」などの否定的《ひていてき》な言葉《ことば》で、推《お》しが傷《きず》ついてしまうよ。

Q 長《なが》く推《お》しを応援《おうえん》しているファンと考《かんが》え方《かた》があわない

A 「そういう考《かんが》え方《かた》もある」と割《わ》り切《き》って

長《なが》く応援《おうえん》している人《ひと》にしかわからないこともあるかもしれないから、相手《あいて》の意見《いけん》は「そういう考《かんが》え方《かた》もあるんだ」くらいに受《う》け止《と》めるようにしようね。そして、推《お》しに対《たい》する考《かんが》え方《かた》や、推《お》し活《かつ》のスタイルが合《あ》いそうな推《お》し活友《かつとも》だちを探《さが》して仲《なか》よくしてみよう！

Q 推《お》しに自分《じぶん》のことを覚《おぼ》えてほしい！

A 応援《おうえん》の気持《きも》ちをこまめに推《お》しに伝《つた》えよう！

ファンのことを覚《おぼ》えるかどうかは、推《お》しの性格《せいかく》やタイプによってもちがうんだ。顔《かお》を覚《おぼ》えてもらうのは難《むずか》しくても、SNSのアイコンやユーザーネームで覚《おぼ》えてもらえることもあるかも。こまめにメッセージを送《おく》るなど、応援《おうえん》の気持《きも》ちを推《お》しに伝《つた》えてみよう！

STAGE 7

推《お》し活《かつ》トラブルに気《き》をつけよう

（監修《かんしゅう》 弁護士《べんごし》・松下真由美《まつしたまゆみ》）

SNSって
たくさん情報《じょうほう》があって
よくわからなくなるよね

推《お》し活《かつ》は楽《たの》しいことだけど、SNSの使《つか》い方《かた》やお金《かね》にまつわることで、さまざまトラブルに巻《ま》き込《こ》まれる可能《かのう》性《せい》もあるんだ。推《お》し活《かつ》でいやな思《おも》いをしないように、いろいろなケースを見《み》ておこう。

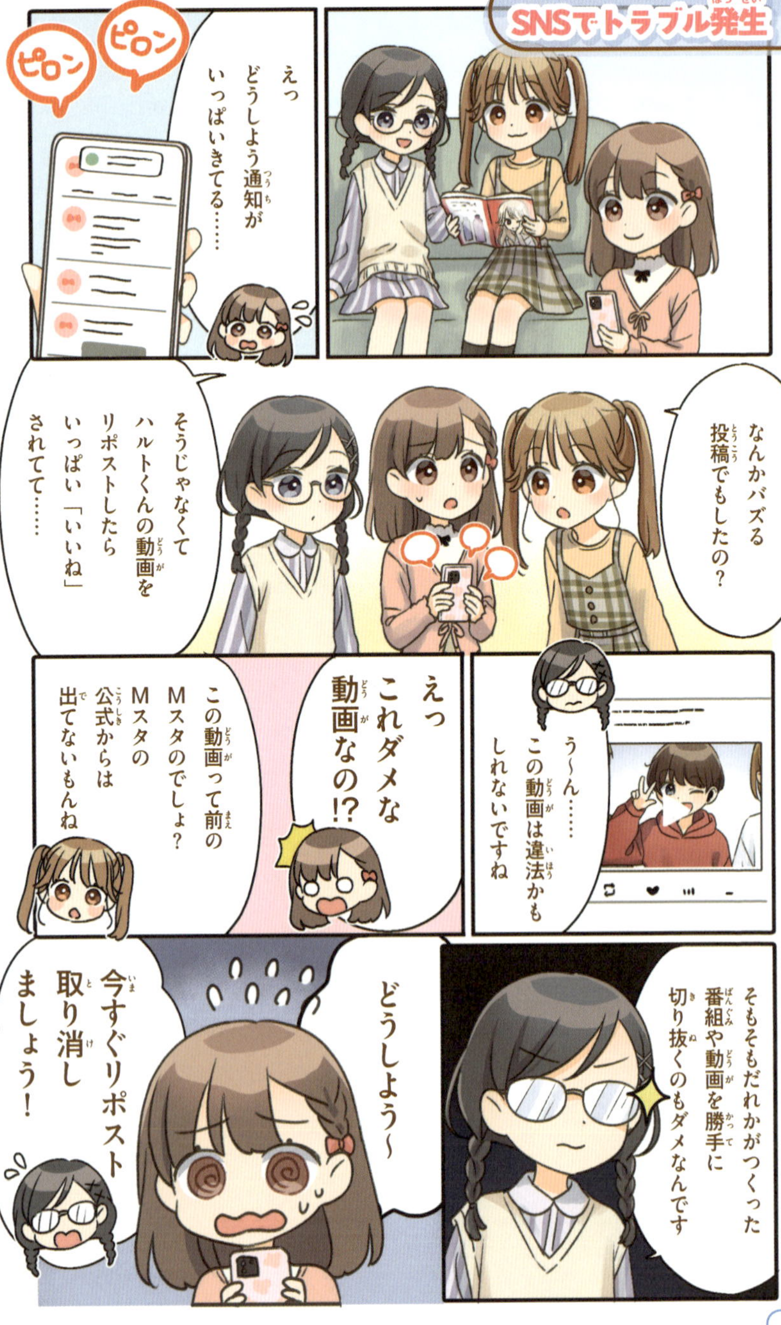
えっ どうしよう通知《つうち》がいっぱいきてる……
ピロン
ピロン
なんかバズる投稿《とうこう》でもしたの？
そうじゃなくてハルトくんの動画《どうが》をリポストしたらいっぱい「いいね」されてて……
う〜ん……この動画《どうが》は違法《いほう》かもしれないですね
えっ これダメな動画《どうが》なの!?
この動画《どうが》って前《まえ》のMスタのでしょ？ Mスタの公式《こうしき》からは出《で》てないもんね
そもそもだれかがつくった番組《ばんぐみ》や動画《どうが》を勝手《かって》に切《き》り抜《ぬ》くのもダメなんです
どうしよう〜
今《いま》すぐリポスト取《と》り消《け》しましょう！

は〜
あぁ　びっくりした
わたしミミちゃんの写真《しゃしん》をロック画面《がめん》にしてるんだけど……
SNSで拡散《かくさん》せずに自分《じぶん》だけで楽《たの》しむのは大丈夫《だいじょうぶ》ですよ
SNSってたくさん情報《じょうほう》があってよくわからなくなるよね
うその情報《じょうほう》があるから先生《せんせい》も気《き》をつけなさいって言《い》ってましたしね
PINKyで調《しら》べるとなかにはネガティブなこと言《い》っている人《ひと》もいるんだよね
そういう考《かん》えの人《ひと》がいるのはしかたないですけどだれでも見《み》られるSNSに書《か》くのはちょっと……
SNSの使《つか》い方《かた》や危《あぶ》なくない推《お》し活《かつ》のことももっとちゃんと知《し》りたいな
そうだ（です）ね！

CASE 01

画像《がぞう》を使《つか》って推《お》しを布教《ふきょう》したい

推《お》しの写真《しゃしん》やイラストをたくさんの人《ひと》に見《み》てほしい気持《きも》ちもわかるけど、ちょっと待《ま》って！　じつはルールがあるんだよ。

アンナ

公式《こうしき》が公開《こうかい》した、新《あたら》しいイラスト最高《さいこう》！
これを保存《ほぞん》して、わたしのアカウントで投稿《とうこう》してみんなに見《み》てもらおう！

チヒロ

保存《ほぞん》した画像《がぞう》って、勝手《かって》に投稿《とうこう》しても大丈夫《だいじょうぶ》なの？

著《ちょ》作《さく》権《けん》、肖《しょう》像《ぞう》権《けん》、プライバシー権《けん》って？

イラストや動画《どうが》、文章《ぶんしょう》、音楽《おんがく》など、だれかがつくったものを、ほかの人《ひと》が勝手《かって》に使用《しよう》したり加工《かこう》したりできないようにする権利《けんり》を「著作権《ちょさくけん》」と言《い》うよ。また、顔《かお》や姿《すがた》を勝手《かって》に撮影《さつえい》されたり公開《こうかい》されたりしない権《けん》利《り》を「肖像権《しょうぞうけん》」、名前《なまえ》や住所《じゅうしょ》などのプライベートな情報《じょうほう》や生活《せいかつ》を公開《こうかい》されない権利《けんり》を「プライバシー権《けん》」と言《い》うよ。

著作権《ちょさくけん》

人《ひと》がつくったものへの権利《けんり》

肖像権《しょうぞうけん》・プライバシー権《けん》

人物《じんぶつ》そのものがもつ権利《けんり》

権利《けんり》を守《まも》らないとどうなるの？

著作権《ちょさくけん》

ほかの人《ひと》のイラストをSNSのアイコンに使《つか》ったりすることは、「著作《ちょさく》権法《けんほう》」違反《いはん》。10年《ねん》以上《いじょう》刑務所《けいむしょ》に入《はい》るか、1千万円《せんまんえん》以下《いか》の支払《しはら》い（もしくは両方《りょうほう》）が命令《めいれい》されることもあるよ。

肖像権《しょうぞうけん》・プライバシー権《けん》

許可《きょか》なく推《お》しを撮影《さつえい》したり、その写真《しゃしん》をSNSで公開《こうかい》したりすると「肖像《しょうぞう》権《けん》の侵害《しんがい》」「プライバシー権《けん》の侵害《しんがい》」になって、相手《あいて》にうったえられることもあるよ。

こんなふうに気《き》をつけよう

OK例《れい》

- 作者《さくしゃ》に許可《きょか》をもらい、「○○さんの作品《さくひん》です」と作者名《さくしゃめい》を書《か》いてSNSで紹介《しょうかい》する。
- 自分《じぶん》のことを撮《と》った写真《しゃしん》に作品《さくひん》が小《ちい》さく写《うつ》り込《こ》んでしまった程度《ていど》ならOK。
- ライブやイベントの撮影《さつえい》OKタイムに撮《と》った写真《しゃしん》や動画《どうが》を投稿《とうこう》する。

NG例《れい》

- 保存《ほぞん》した画像《がぞう》を許可《きょか》をとらずにSNSに投稿《とうこう》する。
- 近《ちか》くから作品《さくひん》を撮影《さつえい》し、はっきりとした画質《がしつ》でネット上《じょう》にアップする。
- 推《お》しのプライベート写真《しゃしん》をこっそり撮影《さつえい》し、世《よ》の中《なか》に公開《こうかい》する。

POINT 迷《まよ》ったら確認《かくにん》しよう！

イラストや写真《しゃしん》の使《つか》い方《かた》は、企業《きぎょう》や作者《さくしゃ》によってルールがちがうよ。迷《まよ》ったときは、自分《じぶん》で公式《こうしき》サイトなどを調《しら》べてみようね！

イラストや写真《しゃしん》を使《つか》うときには、ルールがあるんだね。気《き》をつけるようにしないと！

イラストや写真《しゃしん》をネット上《じょう》で広《ひろ》めたいと思《おも》ったときには、いったん「大丈夫《だいじょうぶ》なのかな？」と考《かんが》えるようにしないとだね

CASE 02

好《す》きなマンガキャラやアイドルで創《そう》作《さく》がしたい

推《お》しを自《じ》分《ぶん》でイラストにしたり、小説《しょうせつ》にしたりする「二次創作《にじそうさく》」。気《き》をつけたいことも多《おお》いから、ルールを知《し》っておこう！

推《お》しのことをマンガで表現《ひょうげん》したいんです！でも、そんなことしていいんでしょうか？

それは「二次創作《にじそうさく》」って言《い》うみたい。いっしょにルールを確認《かくにん》してみようよ

二《に》次《じ》創《そう》作《さく》の楽《たの》しみ方《かた》って？

マンガなどの原作《げんさく》をもとにして、自分《じぶん》なりの物語《ものがたり》やイラストを創作《そうさく》することを「二次創作《にじそうさく》」と言《い》うよ。こんな楽《たの》しみ方《かた》があるよ。

①友《とも》だちに見《み》せる

作品《さくひん》を友《とも》だちに見《み》てもらったり、おたがいの作品《さくひん》を見《み》せ合《あ》ったりして、「推《お》しの雰囲気《ふんいき》がよく出《で》てる！」「こういう話《はなし》、好《す》き！」など、感想《かんそう》を言《い》い合《あ》って楽《たの》しもう！

②ネット上《じょう》にアップする

二次創作《にじそうさく》を投稿《とうこう》できるサイトやSNSに投稿《とうこう》すれば、多《おお》くの人《ひと》に見《み》てもらえて、感《かん》想《そう》ももらえるかも!?　サイトやSNSの投稿《とうこう》ルールはしっかり守《まも》ろうね！

③同人誌《どうじんし》にする

「同人誌《どうじんし》」とは、自分《じぶん》や友《とも》だちとの作品《さくひん》をまとめた本《ほん》のこと。同人誌《どうじんし》をつくったり読《よ》んだりするのが好《す》きな人《ひと》が集《あつ》まるイベント（コミックマーケット）で配布《はいふ》することもできるんだ。

→二次創作《にじそうさく》（ファンアート）については、128ページもチェック

二次創作《にじそうさく》で気《き》をつけたいこと

二次創作《にじそうさく》は、作者《さくしゃ》や会社《かいしゃ》が「正式《せいしき》に許可《きょか》はしないけど……」という形《かたち》をとっているケースも多《おお》いよ。SNSの広《ひろ》がりで、ファンアートや二次創《にじそう》作《さく》に関《かん》するガイドラインをつくっているコンテンツも増《ふ》えているんだ。

二次創作《にじそうさく》について、公式《こうしき》のガイドラインが

ある

ガイドラインをしっかり読《よ》んで、ルールを守《まも》って二次《にじ》創作《そうさく》を楽《たの》しもう！

ない

「推《お》しや作者《さくしゃ》はいやがらないかな？」などと考《かんが》えながらストーリーやキャラクターを大切《たいせつ》にあつかおう。

Q ガイドラインがないときは、何《なに》を参考《さんこう》にしたらいいの？

A ファンの間《あいだ》でルールができていることも

まずはほかの人《ひと》の意見《いけん》を調《しら》べてみよう。不安《ふあん》なときは、自分《じぶん》で楽《たの》しむだけにしよう。

Q 二次創作《にじそうさく》はだれにでも見《み》せていいの？

A 見《み》たくない人《ひと》もいるから気《き》をつけて

二次創作《にじそうさく》には好《この》みが分《わ》かれる内容《ないよう》も多《おお》いから、見《み》るのをいやがる人《ひと》もいるんだ。作品《さくひん》の説明《せつめい》に「○○の表現《ひょうげん》に注意《ちゅうい》」などの注意書《ちゅういが》きをしておくなど、見《み》たくない人《ひと》に見《み》せない工夫《くふう》をしよう。

二次創作《にじそうさく》では、もとの作品《さくひん》や人物《じんぶつ》へのリスペクトを忘《わす》れないようにしたいですね

そうだね！　個人《こじん》の範囲《はんい》で楽《たの》しもう。
ユウカちゃん、
できたらわたしにはこっそり見《み》せてね！

※すべての二次創作《にじそうさく》を推奨《すいしょう》しているわけではありません。公式《こうしき》のガイドラインやルールを守《まも》って楽《たの》しみましょう

CASE 03

偽《にせ》物《もの》のグッズを買《か》わないようにしよう

推《お》しのグッズが、公式以外《こうしきいがい》のショップでも売《う》られていることがあるよね。でも、それって本当《ほんとう》に買《か》ってもいいのかな？

チヒロ

聞《き》いて！　推《お》しのキーホルダーが安《やす》く売《う》られていたの！　でも、公式《こうしき》の写真《しゃしん》とちょっと形《かたち》がちがうんだよね……

アンナ

それ、偽物《にせもの》なんじゃない？　ちゃんと確認《かくにん》したほうがいいよ！

偽《にせ》物《もの》のグッズってなに？

偽物《にせもの》は、公式《こうしき》のグッズにそっくりだったり、いかにも公式《こうしき》のグッズのようにつくられているもののこと。勝手《かって》に偽物《にせもの》をつくって売《う》ることは犯罪《はんざい》だよ。買《か》わないように気《き》をつけよう。

公式《こうしき》のグッズ
公式《こうしき》
グッズ販売《はんばい》
購入《こうにゅう》
売《う》れたお金《かね》が公式《こうしき》に入《はい》り、推《お》しにとってプラスになる！
偽物《にせもの》のグッズ
偽物《にせもの》
公式《こうしき》
偽物《にせもの》販売会社《はんばいがいしゃ》
購入《こうにゅう》
売《う》れたお金《かね》はつくった会社《かいしゃ》に入《はい》り、推《お》しや公式《こうしき》の利益《りえき》はゼロ……。

※国《くに》によってはルールや文化《ぶんか》がちがうこともあります

海賊版《かいぞくばん》ってなに？

海賊版《かいぞくばん》とは、映像《えいぞう》や音楽《おんがく》・書籍《しょせき》などを勝手《かって》にコピーしてつくった商品《しょうひん》のこと。海賊版《かいぞくばん》をつくることは、著作権法違反《ちょさくけんほういはん》にあたるよ。海賊版《かいぞくばん》を買《か》ってしまうと、海賊版《かいぞくばん》を売《う》る会社《かいしゃ》だけがもうかって、推《お》しにはまったくお金《かね》が入《はい》らないんだ。

POINT ネット上《じょう》の海賊版《かいぞくばん》はダウンロード禁止《きんし》！

インターネットで出回《でまわ》っている海賊版《かいぞくばん》を、海賊版《かいぞくばん》と知《し》っていてダウンロードしてしまった場合《ばあい》は、「違法《いほう》ダウンロード」として罰《ばっ》せられてしまうよ。

同人《どうじん》グッズとどうちがうの？

「同人《どうじん》グッズ」とは、推《お》しをモチーフにしてファンが自分《じぶん》でつくった缶《かん》バッジやアクリルキーホルダーなどのグッズのこと。推《お》しの写真《しゃしん》や公《こう》式《しき》のロゴ、イラストなどは使《つか》わずに、公式《こうしき》のガイドラインを守《まも》ろう！

同人《どうじん》グッズ	海賊版《かいぞくばん》・偽物《にせもの》
●自分《じぶん》で描《か》いたイラストを使《つか》うなど、ひとめで公式《こうしき》のグッズではないことがわかる。 ●公式《こうしき》のガイドラインを守《まも》っている。 ●お金《かね》もうけではなく、ファン同士《どうし》の交流《こうりゅう》などを目的《もくてき》としている。	●まるで公式《こうしき》グッズであるかのように売《う》られている。 ●公式《こうしき》の写真《しゃしん》やイラスト、動画《どうが》などを、そのまま勝手《かって》に使用《しよう》している。 ●お金《かね》もうけを目的《もくてき》としている。

公式《こうしき》サイトや公式《こうしき》のお店《みせ》で買《か》うのが安心《あんしん》だね！

※すべての同人《どうじん》グッズを推奨《すいしょう》しているわけではありません

CASE 04

買《か》えなかったグッズやチケットがほしい

限定品《げんていひん》のグッズや競争率《きょうそうりつ》の高《たか》いチケット……。なかなか手《て》に入《はい》らなくても、「転売《てんばい》」されているものは買《か》わないで！

推《お》しのライブ落選《らくせん》しちゃった……。ネットオークションでチケットが買《か》えるかもしれないってほんと？

それは「転売《てんばい》」だよ！　絶対《ぜったい》買《か》っちゃダメ！

転《てん》売《ばい》ってなに？

買《か》ったものをほかの人《ひと》に売《う》ることを「転売《てんばい》」と言《い》うよ。たとえば、発《はつ》売日《ばいび》に商品《しょうひん》を大量《たいりょう》に買《か》い占《し》めて、買《か》えなかった人《ひと》に高額《こうがく》で売《う》ることなどだよ。つい買《か》いたくなってしまうかもしれないけど、「買《か》う人《ひと》がいるから転売《てんばい》がなくならない」ということも覚《おぼ》えておこう！

転売屋《てんばいや》(転売《てんばい》ヤー)の問題《もんだい》

限定《げんてい》グッズやライブのチケットなどを買《か》い占《し》め、高《たか》い金額《きんがく》で売《う》りつける人《ひと》を「転売屋《てんばいや》(転売《てんばい》ヤー)」とよぶよ。転売屋《てんばいや》に買《か》い占《し》められて、本来《ほんらい》買《か》えたはずの人《ひと》が買《か》えなくなってしまうなど、問題《もんだい》が多《おお》いんだ。

POINT チケットの高額転売《こうがくてんばい》には気《き》をつけて!

どうしても行《い》きたかったライブやイベントのチケットが転売《てんばい》されていたら、つい買《か》ってしまいたくなることもあるかも。でも、ライブなどのチケットの転売《てんばい》は、売《う》るのも買《か》うのも法律《ほうりつ》で禁止《きんし》されている場合《ばあい》が多《おお》いんだ。転売《てんばい》されたチケットでは会場《かいじょう》に入《はい》れなかったり、お金《かね》だけだましとられたりする危険性《きけんせい》があるよ。

今度《こんど》当《あ》たるまで
楽《たの》しみに待《ま》っていることにする!

ほしいグッズやチケットが売《う》り切《き》れていたら

リセール(再販売《さいはんばい》)

ライブに急《きゅう》に行《い》けなくなったり、余《あま》ったりしたチケットを、再販売《さいはんばい》できるしくみのことだよ。公式《こうしき》がサポートしてくれるから安全《あんぜん》だよ(103ページもチェック)!

再販《さいはん》リクエスト

ほしいグッズが売《う》り切《き》れてしまったら、SNSなどで「再販《さいはん》して!」と、リクエストしてみよう。リクエストが多《おお》いと、再販《さいはん》してくれる可能性《かのうせい》が高《たか》くなるよ!

グッズやチケットは、推《お》しや公式《こうしき》が応援《おうえん》してくれるみんなのために用意《ようい》したもの。だからこそ、正《ただ》しい方法《ほうほう》で手《て》に入《い》れるようにしようね!

CASE 05

メンバーやファンに意見《いけん》を言《い》いたい

たとえ「推《お》しを守《まも》るため」でも、だれかを攻撃《こうげき》したり悪《わる》いウワサを流《なが》したりするのはやめよう。人《ひと》を深《ふか》く傷《きず》つける行《こう》為《い》なんだ。

推《お》しと同《おな》じグループのメンバーが、遅刻《ちこく》が多《おお》くて推《お》しに迷惑《めいわく》をかけているっぽいんだよね。DMで注意《ちゅうい》しようかなぁ

ちょっと待《ま》ってください！
それ、「誹謗中傷《ひぼうちゅうしょう》」になるかもしれません

だれかを傷《きず》つける書《か》き込《こ》みはやめよう

根拠《こんきょ》のないウワサや悪口《わるぐち》を広《ひろ》めたり、本人《ほんにん》にののしるようなメッセージを送《おく》ったりして相手《あいて》を傷《きず》つけることを、「誹謗中傷《ひぼうちゅうしょう》」と言《い》うよ。誹謗《ひぼう》中傷《ちゅうしょう》されたことで活動《かつどう》できなくなったり、心《こころ》の病気《びょうき》になってしまったりすることもあるんだ。最悪《さいあく》の場合《ばあい》、その人《ひと》の命《いのち》までもおびやかす行《こう》為《い》だと覚《おぼ》えておこう。

「自分《じぶん》の言葉《ことば》がだれかを傷《きず》つけるかもしれない」ということを忘《わす》れないようにしましょう

どんなことをしてはいけないの？

名誉《めいよ》き損罪《そんざい》

具体的《ぐたいてき》なうそのウワサや、その人《ひと》が知《し》られたくないことを広《ひろ》めることで、その人《ひと》の評判《ひょうばん》を悪《わる》くするのは「名誉《めいよ》き損罪《そんざい》」という犯罪《はんざい》。うそをついたり、人《ひと》のいやがることを言《い》うのはやめよう。

侮辱罪《ぶじょくざい》

相手《あいて》をバカにしたり、いやなことを言《い》ったりして、相手《あいて》の気持《きも》ちを傷《きず》つけることは、「侮辱罪《ぶじょくざい》」になることがあるよ。「バカ」「ブス」といった相手《あいて》を否定《ひてい》する言葉《ことば》は絶対《ぜったい》に使《つか》わないで。

「開示請求《かいじせいきゅう》」ってなに？

インターネットは本名《ほんみょう》で投稿《とうこう》していなくても、調《しら》べればだれが投稿《とうこう》したのかわかるようになっているよ。「開示請求《かいじせいきゅう》」とは、投稿《とうこう》した人《ひと》がだれなのか調《しら》べるよう運営会社《うんえいがいしゃ》にお願《ねが》いすること。自分《じぶん》の投稿《とうこう》で、相手《あいて》の仕事《しごと》を失《うしな》わせたり、心《こころ》や体《からだ》に傷《きず》をつけたりした場合《ばあい》には、おわびとして「損害賠償《そんがいばいしょう》」という大《おお》きな額《がく》を支払《しはら》うことにもなるよ。それくらい誹謗中傷《ひぼうちゅうしょう》はやってはいけないことなんだ。

POINT その言葉《ことば》、相手《あいて》に直接《ちょくせつ》言《い》えるかな？

インターネットは気軽《きがる》にコメントできるから、いろんな意見《いけん》を言《い》いやすいかもしれない。でも、書《か》き込《こ》む前《まえ》に、相手《あいて》が目《め》の前《まえ》にいても言《い》えるかどうか、よく考《かんが》えよう。みんなが言《い》っているから、自分《じぶん》も言《い》っていいなんてことはないよ。誹謗中傷《ひぼうちゅうしょう》がたくさん集《あつ》まることで、必要以上《ひつよういじょう》に相手《あいて》を追《お》いつめてしまう。画面《がめん》の向《む》こうに自分《じぶん》と同《おな》じ人間《にんげん》がいることを忘《わす》れないで。

CASE 06

大好《だいす》きな配信者《はいしんしゃ》に スパチャを送《おく》りたい

推《お》しを直接的《ちょくせつてき》に応援《おうえん》できるのが「スパチャ」の魅力《みりょく》。でも、やりすぎるとお金《かね》にかかわるトラブルが起《お》こることも……。

アンナ

推《お》しの配信《はいしん》、今回《こんかい》も神回《かみかい》だったー！
次《つぎ》はコメントを読《よ》んでほしいから、
「スパチャ」をしようかな？

チヒロ

気持《きも》ちはわかるけど……
金額《きんがく》や回数《かいすう》に気《き》をつけてね

スパチャってなに？

スパチャとは、YouTube配信《はいしん》をしている人《ひと》に、お金《かね》といっしょにコメントを送《おく》るしくみのこと。正式《せいしき》には「スーパーチャット」と言《い》うよ。

大好き！
笑った〜
¥500
おもしろかった！
おつかれさま
今回も好き〜
おっ〜！
¥1000
今回《こんかい》は
おもしろかったから
500円《えん》

無料《むりょう》のコメントより目立《めだ》つようになっていて、推《お》しに直接感謝《ちょくせつかんしゃ》を伝《つた》えやすいんだ。もちろん、スパチャをしたからと言《い》ってかならずコメントを読《よ》まれるわけではないから、あくまで推《お》しへの応援《おうえん》の気持《きも》ちと思《おも》おう。送《おく》るときは家《いえ》の人《ひと》に相談《そうだん》してね。

アプリゲームの課金《かきん》にも気《き》をつけて！

そもそもアプリゲームやオンラインゲームは、ゲーム会社《がいしゃ》がみんなにお金《かね》をかけてもらえるように、いろいろなしかけをしているんだ。レアアイテムやスキン（キャラクターの見《み》た目《め》を変《か》えるもの）なども、お金《かね》をかけやすくするしかけのひとつ。とくに「ガチャ」は、1回《かい》の金額《きんがく》が少《すく》ないから、つい何《なん》度《ど》も回《まわ》したくなってしまうかも。課金《かきん》するときは、1回《かい》ずつ家《いえ》の人《ひと》に確認《かくにん》するようにしよう。

お金《かね》をかけずにどれだけ
アイテムをそろえられるか
考《かんが》えるのも楽《たの》しいかも！

スパチャや課金《かきん》のルールをつくろう

スパチャや課金《かきん》は、お金《かね》にかかわることなので、大《おお》きなトラブルが起《お》こりやすいんだ。スパチャや課《か》金《きん》をしたいと思《おも》ったら、ひとりで決《き》めず、まずは家《いえ》の人《ひと》に相談《そうだん》しよう。そして、「1回《かい》につきいくらまでならOKか」「スパチャや課《か》金《きん》をするときは、家《いえ》の人《ひと》の前《まえ》で購《こう》入《にゅう》ボタンを押《お》す」などのルールを決《き》めておこうね。

POINT 家族《かぞく》のカードを勝手《かって》に使《つか》わない！

実際《じっさい》に「家《いえ》の人《ひと》のクレジットカードの番号《ばんごう》をこっそりメモしておき、スパチャや課金《かきん》に使《つか》って10万円《まんえん》をこえる請求《せいきゅう》が来《き》た」というトラブルも起《お》きているよ。スマホでかんたんに課金《かきん》できるから、お金《かね》を使《つか》っている感覚《かんかく》がないかもしれないけど、家《いえ》の人《ひと》がかせいだ大事《だいじ》なお金《かね》だということを忘《わす》れないでね。

CASE 07

推《お》しに自《じ》分《ぶん》を知《し》ってほしい

推《お》しが自《じ》分《ぶん》を覚《おぼ》えてくれていたら、とてもうれしいよね。
でも、覚《おぼ》えてもらおうと行動《こうどう》がエスカレートしないように注意《ちゅうい》！

チヒロ

推《お》しに「認知《にんち》」されたいから、出待《でま》ちとかしてみようかな……

マイカ

うーん……それ、推《お》しにとって迷惑《めいわく》にならないかな？

「認知《にんち》」されるってどういうこと？

「認知《にんち》」とは、推《お》しが自分《じぶん》の顔《かお》や名前《なまえ》を覚《おぼ》えてくれること。推《お》しに認知《にんち》されると、ライブ配信《はいしん》でメッセージを読《よ》んでもらう回数《かいすう》が増《ふ》えたり、ライブで自分《じぶん》に向《む》かって特別《とくべつ》なファンサ(ファンサービス)をしてもらえることもあるんだ。だから「推《お》しに認知《にんち》されたい！」と思《おも》う人《ひと》も多《おお》いんだよ。

POINT ファン同士《どうし》のトラブルのもと!?

推《お》しに認知《にんち》されたことで、同担《どうたん》(同《おな》じ推《お》しのファンの人《ひと》)にやきもちを焼《や》かれてしまった……なんてことも。また、認知《にんち》された人《ひと》が他《ほか》のファンに自慢《じまん》するなど、ファン同士《どうし》の関係《かんけい》が悪《わる》くなるようなトラブルも少《すく》なくないんだ。

認知《にんち》のためでもNGな行動《こうどう》

「認知《にんち》されるためにほかのファンより目立《めだ》たなきゃ！」と過激《かげき》な行動《こうどう》に出《で》るのはやめよう。こんな行動《こうどう》には気《き》をつけて。

出待《でま》ち

推《お》しが公演後《こうえんご》に劇場《げきじょう》などから出《で》てくるのを待《ま》つ「出待《でま》ち」は、推《お》しのプライベートにふみこむ行為《こうい》なんだ。

ストーカー行為《こうい》

推《お》しのあとをつけたりするストーカー行為《こうい》は、推《お》しのプライバシーを侵害《しんがい》するだけでなく、犯罪《はんざい》のひとつだよ。

プレゼントなどの押《お》しつけ

推《お》しの気持《きも》ちを考《かんが》えずに、「絶対《ぜったい》に使《つか》って！」などとプレゼントを押《お》しつけるのは、迷惑《めいわく》になるよ。

認知《にんち》の押《お》しつけ

「スパチャしたんだから」「プレゼントをあげたんだから」と、推《お》しに認知《にんち》を強制《きょうせい》するのはやめようね。

アピールのしすぎ

ライブなどで目立《めだ》とうとして推《お》しへの過剰《かじょう》なアピールをすると、迷惑行為《めいわくこうい》と見《み》なされて退場《たいじょう》させられることも。

しつこく連絡《れんらく》する

DMなどに何度《なんど》もメッセージを送《おく》るなどのしつこい連絡《れんらく》は、ストーカー行為《こうい》と同《おな》じ迷惑行為《めいわくこうい》だよ。

やりすぎ行為《こうい》で警察沙汰《けいさつざた》にも……

推《お》しへの思《おも》いが強《つよ》くなって、つきまとったりずっと見《み》はったりすると、推《お》しが安心《あんしん》できず追《お》いつめられてしまうよ。推《お》しの生活《せいかつ》や仕事《しごと》の邪魔《じゃま》をすることになり、警察沙汰《けいさつざた》になることもあるんだ。

推《お》しからのメッセージ

応援《おうえん》してくれるのはうれしいけど、押《お》しつけが強《つよ》かったり、プライベートにまでふみこまれたりすると怖《こわ》いなぁ……

CASE 08

友《とも》だちと推《お》しがかぶった！ 同《どう》担《たん》拒《きょ》否《ひ》問《もん》題《だい》

仲《なか》のいい友《とも》だちでも、推《お》しが同《おな》じで関係《かんけい》がギクシャクしてしまうこともあるよね。そんなとき、どうすればいいんだろう？

あのアニメ観《み》たよ！
ユウカちゃんの好《す》きなあのキャラ、
わたしも推《お》したくなっちゃった！

えっ！　そうでしたか……
(わたしが先《さき》に好《す》きだったのに……、
うれしいけどなんかモヤモヤ……)

同担拒否《どうたんきょひ》ってなに？

だれかと推《お》しが同《おな》じだと、「推《お》しと自分《じぶん》との関係《かんけい》をじゃまされたくない！」とか、「推《お》しについての考《かんが》え方《かた》がちがったらいやだな……」という気持《きも》ちになることもあるよね。同《おな》じ推《お》しを応援《おうえん》する「同担《どうたん》」の人《ひと》を避《さ》けることを「同担拒否《どうたんきょひ》」と言《い》うよ。

POINT 「同《どう》担《たん》歓《かん》迎《げい》」の人《ひと》もいる

同担拒否《どうたんきょひ》とは反対《はんたい》に、「推《お》しが同《おな》じ人《ひと》はいっしょに推《お》し活《かつ》ができるから大歓迎《だいかんげい》！」と考《かんが》える「同担歓迎《どうたんかんげい》」の人《ひと》もいるよ。でも、推《お》しに対《たい》する思《おも》いは人《ひと》それぞれだから、自分《じぶん》の考《かんが》えを押《お》しつけないようにしようね。

友《とも》だちと推《お》しがかぶってモヤモヤしたら

推《お》しについての考《かんが》え方《かた》が合《あ》わなかったり、推《お》し方《かた》がまったくちがっていたり……。仲《なか》のいい友《とも》だちだからこそ、推《お》しがかぶるとこまることも多《おお》いよね。推《お》し活《かつ》のときだけ距離《きょり》をおくなど、工夫《くふう》してみよう。

おたがいの気持《きも》ちを話《はな》し合《あ》う

自分《じぶん》の推《お》しへの気持《きも》ちはもちろん、友《とも》だちが同担《どうたん》であることについてどう思《おも》っているかをすなおに話《はな》し、まずはおたがいの考《かんが》え方《かた》や推《お》し方《かた》のちがいを知《し》ろう。

むりに仲《なか》よくしない

友《とも》だちでも、推《お》しへの思《おも》いがちがうのは当《あ》たり前《まえ》のことだよ。だから、学校《がっこう》ではいっしょにいても、推《お》しのライブには別々《べつべつ》に行《い》くなど、むりのないつきあい方《かた》を考《かんが》えてみよう。

相手《あいて》のことも尊重《そんちょう》する

あたなと同《おな》じように、友《とも》だちも真剣《しんけん》に推《お》しを応援《おうえん》している人《ひと》のひとりなんだ。相手《あいて》を否定《ひてい》したり、かげで批判《ひはん》したりしないようにしよう。

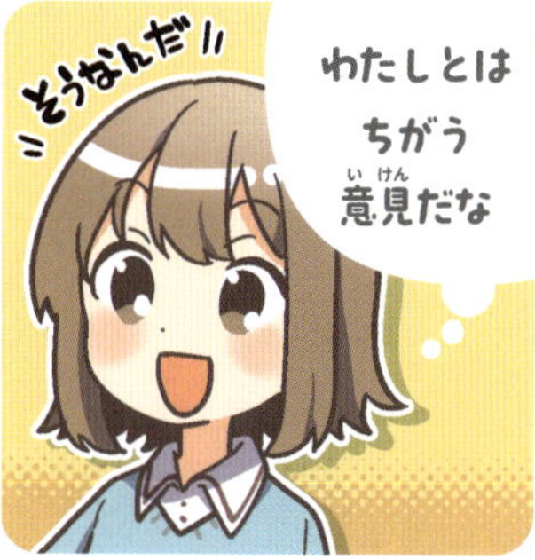
そうなんだ!!
わたしとはちがう意見《いけん》だな

「マウンティング」の問題《もんだい》も……

「自分《じぶん》のほうが昔《むかし》から推《お》しを知《し》っている」「たくさんグッズを持《も》っている」などと、相手《あいて》より自分《じぶん》のほうが優《すぐ》れているとアピールすることを「マウンティング（マウント）」と言《い》うよ。もし自分《じぶん》がマウンティングされたら、言《い》い返《かえ》すのではなく距離《きょり》をとるようにしよう。同担《どうたん》の人《ひと》とは推《お》しの話《はなし》をしないなど、うまいつきあい方《かた》を見《み》つけてみよう！

上手《じょうず》につきあいましょうね
ユウカ

CASE 09

推《お》しのスキャンダルや引退《いんたい》の話《はなし》が出《で》たら

推《お》しに関係《かんけい》するショックなできごとでモヤモヤ悩《なや》んでしまったときは、応援《おうえん》のしかたを見直《みなお》してみよう。

推《お》しが熱愛発覚《ねつあいはっかく》でニュースになってる！
本当《ほんとう》のことだったらショックなんだけど……

落《お》ちついてください！　まずは、ニュースの内容《ないよう》が事実《じじつ》かどうかをたしかめましょう！

まずは事実《じじつ》を確認《かくにん》する

どんなにニュースで話題《わだい》になっていても、本当《ほんとう》のことは推《お》し本人《ほんにん》にしかわからないよ。次《つぎ》の3つのポイントを確認《かくにん》しながら、正《ただ》しい情報《じょうほう》を見極《みきわ》めるようにしよう！

推《お》しのニュースが出《で》たら……

1. ファンが勝手《かって》に広《ひろ》めているウワサの可能性《かのうせい》はないかな？
2. 週刊誌《しゅうかんし》やネットニュースが、大《おお》げさに書《か》いているだけではない？
3. 推《お》し本人《ほんにん》や所属事務所《しょぞくじむしょ》などからの公式《こうしき》のコメントを信《しん》じ、ほかの情報《じょうほう》には流《なが》されすぎないようにしよう。

本当《ほんとう》はささいなことなのに、メディア側《がわ》がみんなの注目《ちゅうもく》をひこうとして、あえてショッキングな話題《わだい》のように見《み》せていることがあるよ。信《しん》じたファンによって、話《はなし》が大《おお》きくなってしまうこともあるんだ。

スキャンダルに対《たい》する心《こころ》がまえ

推《お》しの熱愛発覚《ねつあいはっかく》！

ショックな気持《きも》ちは、むりに隠《かく》す必要《ひつよう》はないよ。でも、ショックのあまり、推《お》しや相手《あいて》の悪口《わるぐち》は言《い》わないようにしよう。

推《お》しが悪《わる》いことをしていた!?

犯罪《はんざい》などの悪《わる》いことをしていたら、かばうことはできないよね。SNSでは推《お》しへの批判《ひはん》を目《め》にしてつらくなることもあるから、なるべくインターネットから離《はな》れよう。

推《お》しが引退《いんたい》するときの心《こころ》がまえ

ある日《ひ》突然《とつぜん》、あなたの推《お》しがグループを卒業《そつぎょう》してしまったり、芸能界《げいのうかい》を引退《いんたい》してしまったりすることがあるかもしれない。聞《き》いた瞬間《しゅんかん》は、もちろんショックを受《う》けて当《あ》たり前《まえ》だよ。まずは自分《じぶん》の悲《かな》しい気持《きも》ちを落《お》ち着《つ》かせる方法《ほうほう》を探《さが》してみよう。推《お》しに「今《いま》までありがとう。ずっと大好《だいす》きです」とファンレターを書《か》くことで気持《きも》ちが整理《せいり》できることもあるし、同担《どうたん》の友《とも》だちと話《はな》すことでラクになることもあるよ。

NG行動《こうどう》

「誹謗中傷《ひぼうちゅうしょう》」の書《か》き込《こ》み

どんなに推《お》しのことで悲《かな》しくなったり、「裏切《うらぎ》られた」と思《おも》ったりしても、誹謗中《ひぼうちゅう》傷《しょう》は絶対《ぜったい》にダメ！　推《お》しはもちろん、まわりのファンも傷《きず》つけてしまうよ。

やりすぎたクレーム

推《お》しのネガティブな話題《わだい》が続《つづ》いてつらくなったとしても、推《お》しやマスコミにクレームを入《い》れたりせず、まずは推《お》しの話題《わだい》から離《はな》れてみよう。

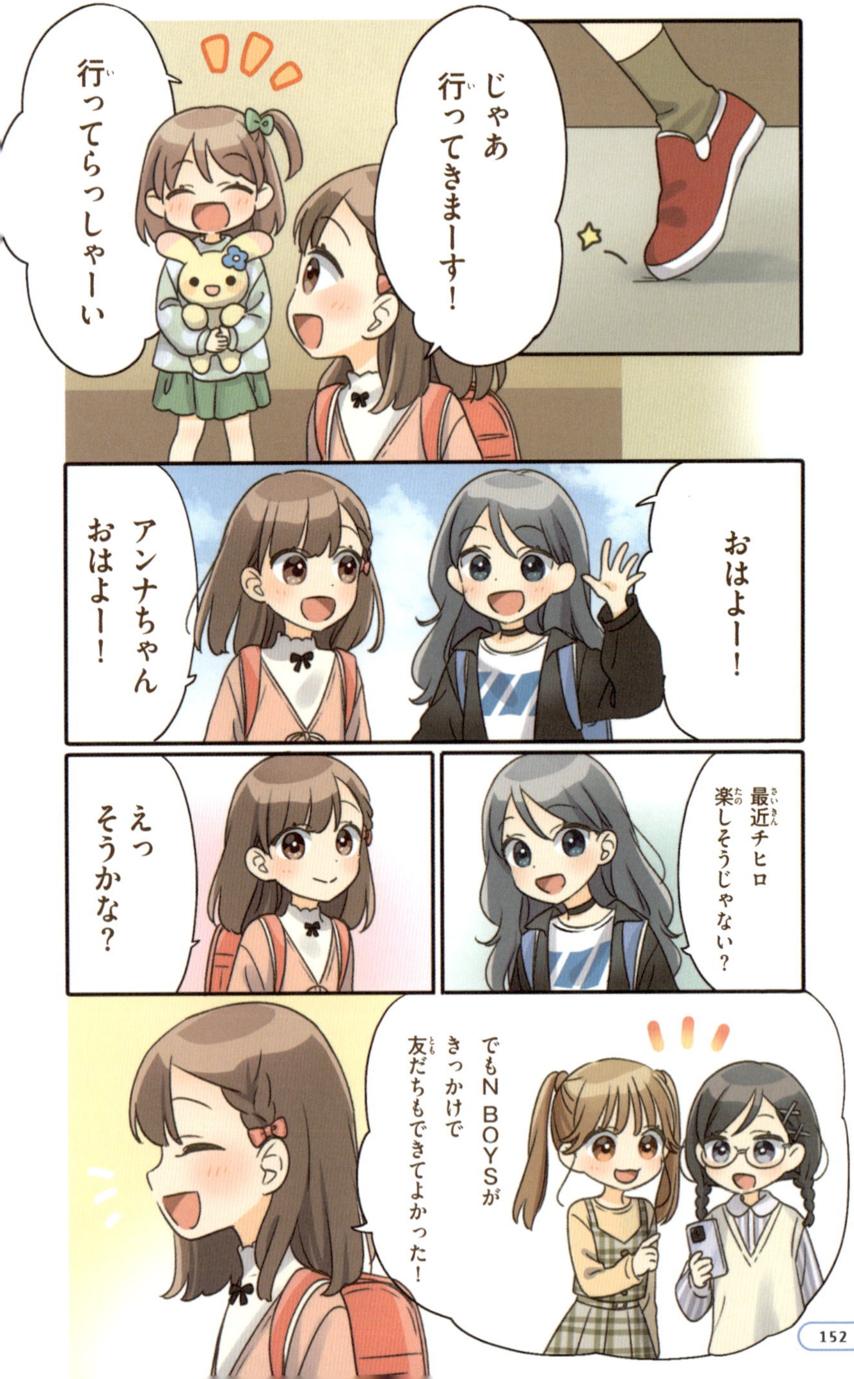
じゃあ
行《い》ってきまーす！
行《い》ってらっしゃーい
おはよー！
アンナちゃん
おはよー！
最近《さいきん》チヒロ
楽《たの》しそうじゃない？
えっ
そうかな？
でもN BOYSが
きっかけで
友《とも》だちもできてよかった！

チヒロが幸《しあわ》せそうで
わたしもうれしいよ……
本《ほん》当《とう》にハルトくんのおかげ！
ハルトくんがいるから勉強《べんきょう》もがんばれるようになったし毎《まい》日《にち》楽《たの》しいよ！
わかる！推《お》しがいるとやる気《き》があふれてくるよね
今度《こんど》ユウカちゃんとマイカちゃんとNBOYSのコラボカフェに行《い》くんだ～
あ ユウカちゃんとマイカちゃんだ！
おはよー

推《お》し活《かつ》用《よう》語《ご》集《しゅう》

推《お》し活《かつ》にはたくさんの専門用語《せんもんようご》があるよ。
知《し》っておくとファンの人《ひと》が話《はな》していることがわかるようになるかも！

あ

アクキー・アクスタ
「アクリルキーホルダー」「アクリルスタンド」の略《りゃく》。

アリーナ席《せき》（⇔スタンド席《せき》）
大《おお》きなホールやドーム球場《きゅうじょう》で、本来《ほんらい》試合《しあい》をする場所《ばしょ》につくられた席《せき》のこと。

痛《いた》バ
痛《いた》バッグの略《りゃく》。推《お》しへの愛《あい》をアピールするために、キーホルダーや缶《かん》バッジなど大量《たいりょう》のグッズをかざりつけたバッグのこと。

運営《うんえい》
推《お》しの所属《しょぞく》する事務所《じむしょ》やイベントを運営《うんえい》する会社《かいしゃ》のこと。

FC《えふしー》
ファンクラブのこと。

MC《えむしー》
ライブやイベントでトークをしたり司会《しかい》をする人《ひと》のこと。推《お》しが曲《きょく》の間《あいだ》で話《はな》すことを指《さ》すときもあるよ。

遠征《えんせい》
ライブやイベントのために遠《とお》くまで行《い》くこと。

円盤《えんばん》
CD、DVD、Blu-rayのこと。

推《お》しかぶり
自分《じぶん》が応援《おうえん》している人《ひと》やものがほかの人《ひと》といっしょになること。

推《お》しごと
「推《お》し活《かつ》」のことを「お仕事《しごと》」になぞらえて表現《ひょうげん》した言葉《ことば》。

推《お》し変《へん》
これまで応援《おうえん》していた人《ひと》の応援《おうえん》をやめて別《べつ》の人《ひと》を応援《おうえん》すること。「担降《たんお》り」と言《い》うこともあるよ。

推《お》し増《ま》し
推《お》しを増《ふ》やし、2人《ふたり》以上《いじょう》を同時《どうじ》に応援《おうえん》すること。

オルスタ
「オールスタンディング」の略《りゃく》。ライブやイベントで全席《ぜんせき》立《た》ち見席《みせき》のこと。

か

鍵《かぎ》アカ
SNSでフォロワーしか投稿《とうこう》を見《み》られないようにしているアカウントのこと。

ガチ恋《こい》(＝リアコ)
応援《おうえん》している人《ひと》に対《たい》して、応援《おうえん》したい感情《かんじょう》だけでなく真剣《しんけん》に恋愛感情《れんあいかんじょう》を抱《いだ》いていること。

神対応《かみたいおう》(⇔塩対応《しおたいおう》)
アイドルなどのファンへのサービスがとても親身《しんみ》な対応《たいおう》であること。

上手《かみて》(⇔下手《しもて》)
ステージを客席《きゃくせき》から見《み》たときの右側《みぎがわ》。

枯《か》れる
ライブのチケットやグッズが売《う》り切《き》れになること。

現場《げんば》
ライブやイベント、またその会場《かいじょう》のこと。

コール
アイドルのライブやコンサートで、場《ば》を盛《も》り上《あ》げるためのファンのかけ声《ごえ》のこと。

さ

古参《こさん》(⇔新規《しんき》)
推《お》しやグループのことを古《ふる》くから応援《おうえん》しているファンのこと。

塩対応《しおたいおう》(⇔神対応《かみたいおう》)
アイドルなどのファンへのサービスが冷《つめ》たい対応《たいおう》であること。

私信《ししん》
アイドルが特定《とくてい》のファンに向《む》けて発信《はっしん》すること。

自担《じたん》
自分《じぶん》の推《お》しのこと。あるグループのなかでいちばん応援《おうえん》しているメンバーのこと。

CV《しーぶい》
キャラクターボイス(Character Voice)の略《りゃく》。キャラの声優《せいゆう》さんを紹介《しょうかい》するときに使《つか》うよ。

下手《しもて》(⇔上手《かみて》)
ステージを客席《きゃくせき》から見《み》たときの左側《ひだりがわ》。

新規《しんき》(⇔古参《こさん》)
新《あたら》しくファンになった人《ひと》のこと。

しんどい
推《お》しへの愛《あい》が深《ふか》まりすぎて本当《ほんとう》につらいこと。よすぎてつらい場合《ばあい》でも使《つか》うよ。「まって、むり、しんどい」をセットで使《つか》うことも。

た

スタンド席《せき》(⇔アリーナ席《せき》)

会場《かいじょう》に固定《こてい》されたいすのある席《せき》。
段差《だんさ》があって、ステージが見《み》やすいよ。

セトリ

「セットリスト」の略《りゃく》。ライブでの曲順《きょくじゅん》や内容《ないよう》のこと。

全通《ぜんつう》

ちがう会場《かいじょう》で行《おこな》われるライブやイベントに
すべて参加《さんか》すること。

代行《だいこう》

グッズなどを人《ひと》の代《か》わりに購入《こうにゅう》すること。

助《たす》かる

推《お》しや公式《こうしき》などのすばらしいサービスについて、
うれしい気持《きも》ちを表現《ひょうげん》する言葉《ことば》。

他担《たたん》

グループのなかで、自分《じぶん》の推《お》しとは異《こと》なるメンバーの
ファンのこと。

単推《たんお》し

グループのなかで特定《とくてい》のひとりやキャラクターを応援《おうえん》すること。

な

チッケム

ライブなどで特定《とくてい》のメンバーだけを撮影《さつえい》した動画《どうが》のこと。

同担《どうたん》 ※同担歓迎《どうたんかんげい》、同担拒否《どうたんきょひ》

推《お》しが同《おな》じ人《ひと》のこと。同担《どうたん》と仲《なか》よくなりたい場合《ばあい》は
「同担歓迎《どうたんかんげい》」、仲《なか》よくなりたくない場合《ばあい》は「同担拒否《どうたんきょひ》」というよ。

ドセン ※最前《さいぜん》ドセン

「ドセンター」の略《りゃく》。ライブやイベントなどで中央《ちゅうおう》の座席《ざせき》のこと。
1列目《れつめ》の場合《ばあい》は「最前《さいぜん》ドセン」というよ。

投《な》げ銭《せん》

配信《はいしん》などで直接推《ちょくせつお》しにお金《かね》を送《おく》ること。
YouTubeでは「スパチャ」と言《い》うよ。

認知《にんち》

推《お》しに、自分《じぶん》の顔《かお》や名前《なまえ》を覚《おぼ》えてもらうこと。

ぬい(推《お》しぬい)

推《お》しをかたどった小《ちい》さいぬいぐるみのこと。
その写真《しゃしん》を撮《と》ることを「ぬい撮《ど》り」というよ。

沼《ぬま》

やめられなくなるくらい推《お》しにハマってしまうこと。
その状態《じょうたい》になることを「沼落《ぬまお》ち」ともいうよ。

は

はがし

特典会《とくてんかい》や握手会《あくしゅかい》などで推《お》しとファンの間《あいだ》にスタッフが入《はい》って終《お》わらせること。

箱《はこ》推《お》し

推《お》しているグループや作品《さくひん》など、特定《とくてい》のだれかではなくまるごと応援《おうえん》すること。

ファンサ

「ファンサービス」の略《りゃく》。アイドルがファンに対《たい》して手《て》を振《ふ》ったり笑顔《えがお》を向《む》けたりするサービス（行動《こうどう》）のこと。

ファンネーム

アイドルやグループのことを推《お》している人《ひと》たちのことをまとめて呼《よ》ぶときの特定《とくてい》の名前《なまえ》。

ファンマーク

特定《とくてい》の人《ひと》やグループのファンであることを示《しめ》す絵文字《えもじ》のこと。SNSのアカウント名《めい》につけることで本人《ほんにん》にアピールできたり、友《とも》だちをつくりやすかったりする。

ファンミ

「ファンミーティング」の略《りゃく》。

フラゲ

「フライングゲット」の略《りゃく》。発売日《はつばいび》より前《まえ》に手《て》に入《い》れること。

ま

ミーグリ

「ミート&グリート」の略《りゃく》。推《お》しと対面《たいめん》で交流《こうりゅう》するイベントのこと。

ら

ラバスト・ラババン

「ラバーストラップ」「ラバーバンド」の略《りゃく》。

リアタイ

「リアルタイム」の略《りゃく》。放送中《ほうそうちゅう》の番組《ばんぐみ》や配信《はいしん》をその時間《じかん》に見《み》ること。

リリイベ

「リリースイベント」の略《りゃく》。新《あたら》しいCDが発売《はつばい》されるときなどに開催《かいさい》される、ミニライブや握手会《あくしゅかい》などのこと。

レス

「レスポンス」の略《りゃく》。推《お》しから反応《はんのう》をもらうこと。

連番《れんばん》

ライブやイベント会場《かいじょう》でとなり同士《どうし》になること。

保護者《ほごしゃ》の方《かた》へ

はじめまして、劇団雌猫《げきだんめすねこ》です。私《わたし》たちは２０１６年頃《ねんごろ》から活動《かつどう》している、平成元年《へいせいがんねん》生《う》まれのオタク女性《じょせい》４人組《にんぐみ》ユニットです。それぞれオタク趣味《しゅみ》があり、インターネットで知《し》り合《あ》いました。当時《とうじ》はまだ「推《お》し活《かつ》」という言葉《ことば》はなかったのですが、今《いま》で言《い》う「推《お》し活《かつ》を通《つう》じて知《し》り合《あ》った友《とも》だち」です。

ここ数年《すうねん》で「推《お》し活《かつ》」という言葉《ことば》が広《ひろ》まり、大人《おとな》も子《こ》どもも推《お》しがいることが当《あ》たり前《まえ》になりました。お金《かね》やＳＮＳでのトラブル、推《お》しへの依存《いぞん》など、自分《じぶん》で自分《じぶん》を律《りっ》しておかないと、後悔《こうかい》することにもなりかねません。

ですがやっぱり、推《お》し活《かつ》って楽《たの》しいものだと思《おも》うのです。

だから私《わたし》たちは、自分《じぶん》の生活《せいかつ》と推《お》し活《かつ》を両立《りょうりつ》し、長《なが》く楽《たの》しく健全《けんぜん》に推《お》し活《かつ》を続《つづ》ける方法《ほうほう》を考《かんが》え続《つづ》けています。

本書《ほんしょ》では、そんな私《わたし》たちから推《お》しがいる子《こ》どもたちに向《む》けて、楽《たの》しく推《お》し活《かつ》する方法《ほうほう》を提案《ていあん》しています。スタンスは人《ひと》それぞれなので「こういう推《お》し活《かつ》が正解《せいかい》」と決《き》めつけるつもりはありません。本書《ほんしょ》が、自分《じぶん》にとっての楽《たの》しい推《お》し活《かつ》とは何《なに》か、考《かんが》えるきっかけになればいいなと思《おも》っています。

また、7章《しょう》では著作権《ちょさくけん》の侵害《しんがい》や誹謗中傷問題《ひぼうちゅうしょうもんだい》など、推《お》し活《かつ》で起《お》こる可能性《かのうせい》があるトラブルについてもまとめています。この章《しょう》は弁護士《べんごし》の松下真由美《まつしたまゆみ》さんにご監修《かんしゅう》いただきました。もしお子《こ》さんに「なんでやっちゃダメなの?」と聞《き》かれたら、この章《しょう》を参考《さんこう》にしていただけるとうれしいです。

お子《こ》さんの、そして保護者《ほごしゃ》のみなさんの一助《いちじょ》になれば幸《さいわ》いです。

劇団雌猫《げきだんめすねこ》

著者

劇団雌猫　げきだんめすねこ

平成生まれのオタク4人組（もぐもぐ、ひらりさ、かん、ユッケ）。2016年に発行を始めた同人誌『悪友』シリーズが話題になり、『浪費図鑑―悪友たちのないしょ話―』（小学館）として書籍化。『一生楽しく浪費するためのお金の話』（イースト・プレス）、『だから私はメイクする』（柏書房）、『本業はオタクです。シュミも楽しむあの人の仕事術』（中央公論新社）、『世界が広がる 推し活英語』『世界が広がる 推し活韓国語』（Gakken）など、編著や監修を多数手がけている。

公式X：@aku__you　公式Instagram：@gekidan_mesuneco
ポッドキャスト：「劇団雌猫の悪友ミッドナイト」（週1更新）

部分監修

松下真由美　まつした まゆみ

弁護士（真和総合法律事務所）。著作権・商標権等の知的財産分野、YouTuber・インフルエンサーの代理人としての訴訟活動や契約交渉等、幅広い案件を取り扱う。アイドルのセカンドキャリア支援にも意欲的に取り組んでいる。

毎日がもっとキラキラする！
はじめての推し活

著　者　劇団雌猫
発行者　清水美成
編集者　松澤春花
発行所　**株式会社 高橋書店**
〒170-6014 東京都豊島区東池袋3-1-1 サンシャイン60 14階
電話　03-5957-7103

ISBN978-4-471-10475-7 ©GEKIDAN MESUNEKO Printed in Japan

定価はカバーに表示してあります。
本書および本書の付属物の内容を許可なく転載することを禁じます。また、本書および付属物の無断複写（コピー、スキャン、デジタル化等）、複製物の譲渡および配信は著作権法上での例外を除き禁止されています。

本書の内容についてのご質問は「書名、質問事項（ページ、内容）、お客様のご連絡先」を明記のうえ、郵送、FAX、ホームページお問い合わせフォームから小社へお送りください。
回答にはお時間をいただく場合がございます。また、電話によるお問い合わせ、本書の内容を超えたご質問にはお答えできませんので、ご了承ください。
本書に関する正誤等の情報は、小社ホームページもご参照ください。

【内容についての問い合わせ先】
書　面　〒170-6014 東京都豊島区東池袋3-1-1 サンシャイン60 14階
高橋書店編集部
ＦＡＸ　03-5957-7079
メール　小社ホームページお問い合わせフォームから　（https://www.takahashishoten.co.jp/）

【不良品についての問い合わせ先】
ページの順序間違い・抜けなど物理的欠陥がございましたら、電話03-5957-7076へお問い合わせください。ただし、古書店等で購入・入手された商品の交換には一切応じられません。